Schmitt & Jonas · Gute Güte, Göthe!

OLIVER MARIA SCHMITT
&
JÜRGEN WISSARIONOWITSCH JONAS

Gute Güte, Göthe!

*Bizarres und Behämmertes
aus 250 Jahren
deutschen Goethetums*

HAFFMANS VERLAG

Für uns alle

Gesamtherstellung: Ebner Ulm
ISBN 3 251 00448 4

Inhalt

Bewundert nur die fein geschnitzten Götzen,
Und laßt als Meister, Führer, Freund uns Goethen!
Euch wird nach seines Geistes Morgenröthen
Apollo's gold'ner Tag nicht mit ergötzen.

Es sprießt kein frisches Grün aus dürren Klötzen;
Man haut sie um, wo Feuerung ist vonnöthen.
Einst wird die Nachwelt all die Unpoeten
Elend versteinert sehn zu ganzen Flötzen.

Die Goethen nicht erkennen, sind nur Gothen.
Die Blöden blendet jede neue Blüthe,
Und — Todte selbst — begraben sie die Todten.

Dich sandte, Goethe, uns der Götter Güte,
Befreundet mit der Welt durch solchen Boten, —
Göttlich von Namen, Blick, Gestalt, Gemüthe!

Aug. Wilh. v. Schlegel.

Zum Geleit

...da man mich jetzt und künftig, wie es scheint, nicht los wird...

Goethe, Vorschlag zur Güte

In dem Jahr, da Helmut Kohl sein Regime an die Macht putschte, schrieb der Dialektforscher Raymond Matzen ein Buch, das nichts mit Kohl und noch weniger mit Dialekten zu tun hatte. Es begann mit den Worten: »Noch ein Goethe-Buch! wird wohl mancher kopfschüttelnd denken oder gar murmeln, wenn er den Titel dieses Bandes in einem Katalog oder im Schaufenster einer Buchhandlung entdeckt.« Das kopfschüttelnde Gedenke und Gemurmel der Buchhandelskunden hinderte den Vorwortschreiber freilich nicht, geradewegs »noch ein Goethe-Buch!« zu verfassen – d.h. nicht im eigentlichen Sinne zu verfassen, denn zu 90 Prozent bestand sein Werk »Friederike in Sesenheim« nur aus noch 'nem Zitat von Goethe, noch 'ner Briefstelle und noch 'nem Gedicht.

Der Journalist Carlheinz Gräter war noch konsequenter und meinte: »Jeder Deutsche sollte ein Goethe-Buch geschrieben haben.« Dies, nachdem er ein Buch über »Goethe am Neckar« geschrieben hatte, in dem er fast alles versammelte, was über Goethe am Neckar schon hinlänglich bekannt war.

Und Amanda Sonnenfels hat bereits um die Jahrhundertwende in ihrem Schmöker »Deutsche Frauengestalten« festgestellt: »Daß Goethe der größte deutsche Dichter ist, weiß wohl jedes Kind.« In ihrer großangelegten Untersuchung konnte sie immerhin zweifelsfrei nachweisen, daß Goethe als solcher keine Frau war, seine Mutter aber doch.

Vorbildliche Menschen wie diese haben dazu beigetragen, Goethe, das »Megatherium der Menschheit« (Egon Friedell), zum besterforschten Mitglied derselben werden zu lassen. Woher, wenn nicht von den Goethe-Gelehrten, wüßten wir um die Rhesusfaktorinkompatibilität in Goethes Familie, woher um die Dioptrienstärke seiner Leselupen und seine Haltung zum Impfzwang? Woher wüßten wir von seiner Haltung zum Postwesen und seinem Dasein als Inanspruchnehmer von Handwerkerdienstleistungen?

Doch nur von denen!

Sie alle haben dazu beigetragen, das Werk des hessisch-thüringischen Olympiers überhaupt erst verstehbar zu machen. Leider konnten nicht alle derart Erhellendes beisteuern wie der Berliner Studienrat Dr. Johannes Speck, der in seiner 1935 erschienenen Schrift »Goethes Weltanschauung« mit der Erkenntnis verblüffte: »Die praktische Philosophie Goethes hängt eng mit seinen theoretischen Schriften zusammen.«

Wohl wahr. »Goethe überschattet unsere ganze sonstige Literatur«, befand Wilhelm Scherer schon 1877 in einem seiner »Aufsätze über Goethe«, aber noch mehr überschattet heute die Sekundärgoetheliteratur den ganzen sonstigen Goethe.

Traurige Folge: Wir wissen alles über Goethe – und dennoch fast nichts. Alle 35 Sekunden verdoppeln sich unsere Kenntnisse über den Weimarer Ganzgroßklassiker, übereinandergestapelt reichen die Goetheforschungsresultate hoch bis zum Ozonloch, aber auch nach einem Vierteljahrtausend Goethe, nach vierzigtausend Doktorarbeiten, nach vier Millionen Artikeln, Büchern, Aufsätzen über Johannwolfgangleben und Goethewerk ist praktisch noch alles im dunkeln.

Bis heute wird gerätselt, was Goethe in seinem geheimnisvollen Walpurgissack verborgen hielt und weshalb er entliehene Gegenstände nicht zurückgab. Man fragt sich, warum er zwar ein leidenschaftlicher Sammler von Pferdebildchen war, die Hunde jedoch mit Inbrunst verabscheute. Weshalb hatte er entschieden was gegen das Wachslichter-Zerknaupeln und schrieb gleichzeitig Loblieder auf die Artischocke? Wieso lehnte er mit Nachdruck Gasthäuser ab, leerte andererseits jedoch ganze Schüsseln mit Sardellensalat? Und warum, um alles in der Welt, antwortete Heinrich Heine einer Dame, die ihn befragte, was er wohl von Goethe hielte, nur: »La illah ill allah, wamohamed rasul allah«?

Eigentlich völlig wurscht, jedenfalls uns. Wir möchten lediglich allumfassende Klarheit schaffen. Über, durch und für Goethe.

Worüber er sich da im einzelnen ereiferte, ist gar nicht entscheidend. Eher *wie* er es tat, wie er sich echauffierte und ennuyierte, sich aufregte und ausließ oder nicht wieder einkriegte; sein eigener Blickwinkel, seine schrulligen Vorlieben, seine Eigenheiten und Spleens wollen uns hier interessieren. Denn die sind – Germanistik hin und Goetheforschung her – oftmals sehr komisch.

Ein Unbedeutendes kannte er als notorischer Besserwisser und Schwadroneur nicht, weil seine Behandlungsweise es alsobald zu einem Bedeutenden umschuf. »Das Kuvertieren eines Briefes, das Einpacken einer Zeichnung wurde von ihm stets mit derselben besonnenen Genauigkeit und Zierlichkeit besorgt wie der Abschluß des wichtigsten Geschäfts oder die Revision gehaltvollster Entwürfe«, enthüllte der Kanzler Müller in seiner Totenrede auf den Weisen von Weimar. Was eben zeigt, daß der Verblichene durchaus und schlußendlich und neben allem andern auch ein rechter Kauz war, ein rigoroser Subjektivist und Originalmensch vor dem Herrn, ein Individualist allerersten Kajüte.

Nicht zuletzt als solcher zu Ruhm gekommen, zog er andere Sonderlinge, Käuze und Spinner an wie der Magnet die Eisenfeilspäne, sein schaffensreiches Dasein diente als Nährstoff für andere seltsame Vögel, für gefräßige Bücherwürmer, veritable Narren und ganz hervorragende Eierköpfe. Robert Gernhardt hat bereits 1962 in seiner aufsehenerregenden Denkschrift »Goethe und die Folgen« darauf hingewiesen. Natürlich folgenlos.

Eine noch in den Kinderschuhen steckende Germanistik verwandelte Goethe in seiner Eigenschaft als höchsterhabener Forschungsgegenstand in ein wild wogendes Meer von Sumpf- und Stil- und Kathederblüten. Vorbildliche Forscher, bedeutende Deuter und verwirrte Wissenschaftler begaben sich hinein und kamen z. T. darin um. Vor allem um die Jahrhundertwende wurde diese aus allen Fugen geratene Goetheverehrung und -verherrlichung vielen zum Verhängnis.

Aus jener großen Zeit, als die Germanistik noch mit großem Pathos und wehenden Bärten betrieben wurde, soll dieses Buch zunächst und allererst künden. Und an das Schicksal jener Männer erinnern, die sich, wo nicht in ihren Bärten, so doch auf dem Gebiet ihrer wackeren Forschung verstrickten und verhedderten, daß es uns heutigen ein schieres Vergnügen ist, davon zu erfahren.

Nun wollen die Autoren nicht im Ernst von sich behaupten, selbst Goethephilologen zu sein. Gewiß nicht wollen sie ebenfalls von Goethe als »Krittler«, »Lumpenhunde«, »Dusselköppe« oder »scribelnde Niedertracht« bezeichnet werden, denn einem »Gelehrten von Profession« traute er jederzeit zu, »daß er seine fünf Sinne ableugnet«. Eher verstehen sie sich als Laien und Amateurerkunder der Goetheforscher, Verweser und Verwurster der Primär-, Sekundär-, Tertiär- und Millionärliteratur, fleißige Parasiten im Pelz der Zwischenwirte.

Im Vorwort ihres monumentalen Standardwerks »Unser Goethe« bezeichnen sich die Herausgeber Eckhard Henscheid und F. W. Bernstein als »willige Dilettanten«, die mit ihrem tonnenschweren Werk »ein Kaleidoskop von gut zweihundert Jahren Kultur- und Rezeptionsgeschichte« erstellen wollten. Das mit den Dilettanten und dem Kaleidoskop möchten wir gerne stehlen, erhöhen sogar auf gut 250 Jahre, dafür lassen wir aber das mit der Kultur- und Rezeptionsgeschichte sausen – so viel kann dies wohlfeile Büchlein ja gar nicht leisten.

Nicht zuletzt wollen wir aber auch wieder mehr heiligen Ernst und sittliche Tiefe in die Goetheforschung und -rezeption hineintragen. Wir erwarten, daß angesichts Johann Wolfgang Goliaths jeden unserer Leser die Erschütterung übermanne, so wie sie im Goethe-Jubeljahr 1949 den Dramatiker Fritz von Unruh überkam, von dem der darob seinerseits bewegte Goethe-Mystiker Heinz Kindermann berichtet: »Daß Fritz von Unruh mitten in seinem Goethe-Bekenntnis in der Frankfurter Paulskirche die Schicksalsstunde überwältigte, so daß eine Ohnmacht ihn am Weitersprechen hinderte – wen würde dieses Symbolum der Ergriffenheit nicht erschüttern?«

Die Endesunterzeichneten allemal, deshalb hört einerseits das Vorwort an dieser Stelle auf, während andererseits dann doch der Haupttext beginnt. Denn aus gutem Grund meinte Walter Benjamin schon im Goethe-Festjahr 1932:

»Jedes in diesem Jahr über Goethe eingesparte Wort ist ein Segen.«

Und ebenfalls in diesem Jahr monierte José Ortega y Gasset: »Deutschland schuldet uns ein gutes Buch über Goethe.«

Hier ist es.

Frankfurt und Nehren am 6. Junius 1999,

170 Jahre nach dem Tag, an dem Goethe von Hofrat Döbereiner sehr schöne Muster seiner letzten Glasschmelzung vorgelegt und ihre Zusammensetzung erklärt bekam.

Oliver Maria Schmitt & Jürgen Wissarionowitsch Jonas

Bebende Bärte
oder Die Besten der Goetheforschung

Als Kuriosum ist zu betrachten, daß Goethe sich in der Stille durch den Bart Prellers, mit welchem dieser seine Pockennarben zu bedecken suchte, unangenehm berührt gefühlt haben soll.

Otto Roquette, 1883

Warum trugen die Goethe-Gelehrten bevorzugt Bärte? Ganz einfach: Vor lauter Goethe kamen sie nicht dazu, sich zu rasieren.

Das Barthaar des männlichen Goethe-Gelehrten wächst im Durchschnitt 0,4 Millimeter täglich, seine Dicke beträgt zirka sieben Hundertstel Millimeter. Wenn eine Liebesnacht, wie vermutet wird, einen ungeschriebenen Roman bedeutet, dann ging dem Goethe-Wissenschaftler in der Zeit, die in eine Rasur investiert werden mußte, mindestens der Anfang eines Aufsätzchens verloren. Lange Jahre lautete deshalb die Hymne der Goethe-Gesellschaft: »Jan und Hein und Klaas und Pit, die haben Bärte, die haben Bärte, die dürfen mit.«

Natürlich wäre nichts leichter gewesen für den Mann Goethe, als sich einen Bart wachsen zu lassen, er, der die »Sippschaft der Moose« bis ins letzte Detail ausgekundschaftet hatte. Niemand hätte dem Minister das Tragen eines fußsackähnlichen Gesichtskleides verwehren können, aber er ging her und mochte die Bärte nicht. Es ist sogar erwiesen, daß er ausufernder Gesichts- und Körperkrausborstigkeit durchaus kritisch gegenüberstand!

Er setzte alles daran, jeden Tag Barbiere bei sich zu sehen, die ihm eingehend berichten mußten, was so in der Stadt passiert war. »Zwar euer Bart ist kraus, doch hebt ihr nicht die Riegel«, spricht es im »Faust«; und im »Chemischen Teil« der Farbenlehre steht zu lesen: »Die Oberfläche des Menschen ist glatt und rein und läßt, bei den vollkommensten, außer wenigen mit Haar mehr gezierten als bedeckten Stellen, die schöne Form sehen: denn im Vorbeigehen sei es gesagt, ein Überfluß der Haare an Brust, Armen, Schenkeln deutet eher auf Schwäche als auf Stärke; wie denn wahrscheinlich nur die Poeten, durch den Anlaß einer übrigens starken Tiernatur verführt, mitunter solche haarige Helden zu Ehren gebracht haben.« Goethe stimmte vollauf Arthur Schopenhauer, dem jugendlichen Verehrer seiner Farbenlehre, bei, als dieser dekretierte: »Der Bart sollte, als halbe Maske, polizeilich verboten seyn.«

Die Goethe-Gelehrten ahnten dergleichen nicht, im Gegenteil – wie zum Hohne verlautbarteten sie: Wir werden nicht ruhen und nicht rasten, bis wir Goethe ganz umbartet haben. Mit einem Gestrüpp so lang wie das des leibhaftigen Königs Barbarossa, dem der Bart im Kyffhäuser durch ein steinernes Tischlergeschäft wuchs, oder wie der von Wolfgang Thierse, als er noch nicht Bundestagspräsident war. Die Oberförsterzotteln, die diese Wotane der Philologie vor der Brust trugen, hätten bequem ausgereicht, um sämtliche Plumeaus einer mittleren Großstadt damit zu füllen. Glattrasierte waren da nicht erwünscht.

Daher ist die nun folgende Parade der seltsamsten Goethe-Forscher der Welt unvollständig, weil einem strengen Reglement unterworfen: wer keinen Bart hatte, kam nicht rein.

Gut rasiert und somit disqualifiziert ist daher beispielsweise der großartige Goethe-Exeget Emil Staiger, dem wir sowohl das unwiderlegbarste aller Axiome verdanken (»In Goethes Geschichte verdichtet sich die Geschichte der ganzen Goethe-Zeit«), als auch die bangste Frage, die je eine Goethe-Nachgeburt gestellt hat: »Wie bestehen wir heute vor ihm?« Mit blanker Backe jedenfalls nicht: trotz dreibändiger Biographie (»Goethe«, Zürich und Freiburg 1952–59) kein Einzug in die »Bebenden Bärte«!

Leider trug auch Hermann Hieber keinen Bart, obwohl er als Psychopath jede Berechtigung dazu gehabt hätte. In seinem Hauptwerk »Die Wahrheit über Goethe« (Stuttgart 1961) versuchte er, den seit langem verhaßten Goethe ein für alle Male zu erledigen, ihn als verkommen, unmoralisch, lügenhaft und hinterhältig darzustellen: »Ich nahm mir etwa ein Menschenalter Zeit, mein Urteil über den größten Sohn der Stadt Frankfurt zu klären, wie ein Untersuchungsrichter, der unaufhörlich Zeugen verhört für und gegen den Delinquenten.« Von Goethe bleibt da naturgemäß nicht mehr viel übrig: »In 50 Jahren, die ins Land zogen, hatte ich reichlich Gelegenheit, von drei Vierteln seiner Werke abzurücken« – aber leider müssen auch wir von Hieber abrücken: kein Bart, keine Plazierung.

Nicht drin ist wegen zu glatten Kinns auch der wandlungsfähige Goethist Heinz Kindermann. In seinem 1952 erschienenen Standardwerk »Das Goethebild im XX. Jahrhundert« schrieb er: »Goethe ist überall, nicht allein im deutschen Sprachgebiet und nicht allein in Europa, ein höchst lebendiges Ferment unserer Umschichtungen. Er greift über zweihundert Jahre hinweg überaus lebendig ein in unser neues Werden. Daß aber eine ganze Welt dabei an ihm teilhat, daß sie alle, die vom Osten und die vom Westen, jeder in seiner Weise, an einen lebendigen Goethe und an seine wirksame Strahlungskraft glauben – ist diese Erkenntnis des neuen Goethebildes nicht ein gewaltiger Trost, ja vielleicht sogar eine Verheißung in dieser Epoche des Weltmißtrauens und der Zerspaltenheit?«

Ganz bestimmt. Denn der gleiche Heinz Kindermann

sah die Strahlungskraft Goethes noch wenige Jahre zuvor unschön an die Reichsgrenzen von 1938 stoßen; da nämlich schrieb er braunen Mutes und bar jeden Bartes: »Vom genialischen Stürmer und Dränger, vom trotzigen Sänger des prometheischen Selbstgenusses hat Goethe sich durchgerungen zu einem willenhaft-organischen Bild der typisch germanischen Haltung, vor der Persönlichkeit und Gemeinschaft keine Gegensätze mehr sein dürfen, soll die Nation nicht schlimmeren Gefahren ausgesetzt werden.«

Jammerschade auch um ihn. Dafür entschädigen aber vielmals die nun hier vorzustellenden Menschen, denen neben der aufrechtesten Goethe-Gesinnung auch ein stets pompöser Gesichtshirsutismus zu eigen war.

Nie bezogen sie auf sich, was der immer gut rasierte Ernst Bloch schrieb: »Böse Dummköpfe fahren mit der Hand von rückwärts in den Vollbart, daß er singt wie eine Harfe.«

Und was Bertolt Brecht in sein Arbeitsjournal minuskelte, kannten sie auch nicht: »blättere im wilhelm meister. diese bücher wurden uns auf der schule verleidet, indem sie von den langweiligsten menschen in der langweiligsten weise gerühmt wurden. wie konnte man vermuten, daß ein roman, den die deutschlehrer, diese geschlechtslosesten aller wesen, uns aufdrängten, etwas enthalten könne wie die szene, in der philine ihre pantöffelchen vor das bett des helden stellt, damit er glaube, sie liege in seinem bett, ahnend, dies könnte ihn verstören, müßte ihn aber vorbereiten auf den wirklichen besuch? die deutschlehrer haben sich mit ihren langen bärten vor das einzige ruhelager der sinnlichkeit der deutschen literatur gestellt!«

Karl Grün

oder Das Rührgerät des Menschlichen

Eine der allerletzten Verlegerpersönlichkeiten der internationalen Kulturstaatengemeinschaft, Siegfried Unseld, brachte die Sache auf den Punkt. Zwar gehört er zur Klasse der Goetheforscher ohne Bart, dafür kann er aber im Wildwuchs seiner Brustbehaarung die Schokoladenostereier für die Enkelkinder so geschickt verstecken, daß die kleinen Racker sie erst in den Herbstferien finden. »Der Mensch ist der Mittelpunkt, nicht wahr, nicha, nich!« rief Unseld daher aus, als er in der Blüte seiner jungen Jahre dem vor Altersweisheit nur so knarzenden Hermann Hesse und dessen »dummer Fresse« (Robert Walser) begegnet war und letzterer ganz andächtig lauschen durfte.

Menschen und Wind ändern geschwind, aber diese von Unseld so locker ausgehustete und wahrscheinlich sogar selbst geglaubte Maxime bleibt ewig wahr. Nicht nur bringt sie galant das goethespezifische Gesamtwerk Karl Grüns auf den Punkt, des ersten aufrechten Goetheforschers überhaupt, sondern faßt darüber hinaus durch ihre scholastisch anmutende Interpretationstiefe und Transzendenz das ganze uferlose Humanitätsgedöns von Thomas von Aquin bis Jockel Fischer mit einem Schlag zusammen.

»Menschen sind«, so pflichtet Goethe bei, schüttelt noch mal ab und schließt den Hosenstall, »schwimmende Tropfen, die sich aneinander stoßen«. Eben. Und hatte der Alte nicht selber sogar schon seinen Interpreten Grün proleptisch vorausgeahnt und vorweggenommen, als er in Weimar den damals 50jährigen Dramatiker Ernst Raupach alterswild anmeckerte: »Ja, mein Lieber, wenn ihr jungen Leute doch nur – das allgemein Menschliche festhalten wolltet!«

Nur darum ging es Goethe ja. Nicht umsonst hatte Napoleon I., ihm von Angesicht zu Angesicht gegenüberstehend, bestätigt: »Vous êtes un homme!« Und nicht nur aus Jux und Dollerei hatte Johann Gottlieb Fichte die Werke des hessischen Weimaranensers als »die edelste Blüte der Humanität« erachtet. Auch Goethes Gesprächspartner Carl Gustav Carus war der Meinung, daß die Liebe zu Goethe den Maßstab für die Bewertung eines Menschen überhaupt darstelle. Später lobte der Münsteraner Philosoph Heinrich Scholz »die schöne geprägte Form des aufgerichteten Goetheschen Menschen, des Menschen, den niemand zusammendrückt, weil ihn niemand aufgeblasen hat« – was bis heute kaum zu widerlegen ist. Und wie sagte noch der bekannte und fast gar nicht aufgeblasene Goethedarsteller G. Hauptmann?

Ja, wie denn?

Ach so, so sagte er: »All sein Denken und Dichten ist Arbeit am Menschen.« Frohgemut und leider gar nicht arbeitsteilig ging daher auch Hans Ehrenberg ans Werk und verfaßte »Goethe, der Mensch«, ebenso wie Frank Thiess, der gleichfalls eine Schwarte mit dem Titel »Goethe, der Mensch« vorlegte und damit dem mächtig schnauzbärtigen Urwalddoktor Albert Schweitzer und dessen Werk »Goethe, der Mensch« sauber zuvorkam und Paroli bot. Schlauer war indessen Josef Nadler, der den einer eindrucksvollen Antiklimax sich dankenden Titel »Goethe. Gott, Gottmensch, Mensch« zum Buch machte und damit sogar fast einen Peter Alexander in die Schranken verweist, der sich aus Verehrungsgründen gern als Tischbein-Goethe ablichten ließ und dabei den Goethefans bei ARD und ZDF zuflötete:

Hier ist ein Mensch, der will zu dir,
Du hast ein Haus, öffne die Tür... usw. usf.

Peter Alexander . . .

als Popstar und . . .

als Goethe . . .

Kann aber, und nun wollen wir überraschenderweise auch schon zum Thema kommen, kann aber unser Mann Karl Theodor Ferdinand Grün (1817 – 1887) ebenfalls als »ein Mensch« (Angela Merkel) bezeichnet werden? Wo andere, die wir gleich noch kennenlernen werden, in ihm weißgottnicht das Humanum sahen, viel eher einen »Schönredner«, einen »Schuft«, »Scharlatan« und »Schmarotzer«, einen »Esel«, »Hund«, »Hochstapler«, »Lump« und verblüffenderweise sogar »Familienvater«. Kurzum ein »Gelichter«, das mit »schnippischer Naivetät« »belletristische Schwätzereien«, »kolossalen Unsinn« und freilich auch »direkte Lügen« verbriet und verbreitete.

Jedenfalls belegten die Urväter des wissenschaftlichen Sozialismus, Karl Marx und Friedrich Engels, derart derbe briefwechselnd den armen Mann, der als Journalist bei der Trierischen Zeitung begann und später auch unter dem Pseudonym Ernst von der Haide publizierte. Zu allem Überfluß nötigten die beiden MEGA-Autoren, in ihrer Anti-Grün-Haltung sich einig wie selten, ihrem Opfer auch noch ihre allerstrengste Verdammungsinjurie auf, die sie zur Hand hatten und schimpften ihn: einen »Straubinger«. Obwohl Grün im westfälischen Lüdenscheid geboren war!

Doch sagt nicht Goethe an irgendeiner Stelle: »Die Lüdenscheider wissen nichts?« Nein, hier irren wir ausnahmsweise, das schrieb nämlich nur Eckermann am 5. Februar 1827 in einem Brief an Johanne Bertram.

Um diese Zeit schickt sich Grün schon mählich an, das Ehrenamt eines Junghegelianers zu verwesen, dient sich später auch zum gefragten Rädelsführer hoch und muß sich infolgedessen vielfach polizeilich verfolgen lassen. In einem Steckbrief vom Oktober 1842 heißt es: »Groß, schwarzes Haar, einen schwarzen Schnurrbart tragend.« Grün selber: »So war das Ungeheuer bezeichnet, während ich von mittlerer Größe, blond und einen sehr dünnen blonden Schnurrbart besitzend bin.« Später unternimmt er, ganz im Sinne der Goetheforschung, nichts dagegen, daß ihm der Bart wie Kraut und Rüben aus dem Gesicht sprießt.

Gemeinsam mit den »Feuerträgern« Moses Hess aus Bonn und Hermann Püttmann aus Elberfeld widmet er sich der Durchsetzung des »wahren Sozialismus« in einer verluderten Welt, man ringt selbdritt mit der Hoffnung, »aus Deutschland noch etwas Großes, politisch Reifes werden zu sehen«. Dazu wirft Grün alles ihm nur Denkbare in die Waagschale der Wissenschaft und hält die wenig beachtete Vorlesung »Über wahre Bildung, zum Besten der armen Spinner im Ravensbergischen« (1844), in der er löblicherweise fordert, das bißchen Armenwesen nicht nur da und hie flickschusternd zu verbessern, sondern das internationale Gesamtelend gleich gänzlich und für immer aufzuheben; und zwar durch »Sturz und Ausrottung des Egoismus«, indem »die Abhängigkeit der Minderbesitzenden von den Mehrbesitzenden und der Viel- und Wenigerbesitzenden von den Wenig- oder Nichtsbesitzenden« getilgt werden soll. So griffig hatten dies weder Marx noch Engels jemals formuliert.

Ja, Karl Grün will der Menschheit »voranleuchten in das gelobte Land, nach unselig langem Schmachten und Irren in der Wüste«, sie »endlich in den Tempel einführen«, worin »der wahre Gottesdienst der wahren Bildung« seine Stätte haben soll. Und der frühlinke Prophet Karl Grün verheißt: »Das schön unruhige Wogen der Menschheit im sicheren Kahne neuer organischer Lebensgesetze wird wesentlich und durchaus sozial sein.« In der Takelage des Kahns flattert deshalb auch lustig das Banner der Dichtung, denn die Literatur ist für Grün »die Heroldin des neuen Geistes«, nur sie allein »trägt seine Fahne vorauf«, denn »wahre Bildung besteht in der Betätigung aller edlen Kräfte des freien Individuums«.

So trägt denn der frische Wind der Literatur Karl Grün nach Paris, weil er nur dort ein freies Individuum bleiben kann. Kaum angekommen, legt der immergrüne Philantrop »Rosen und Kamelien ins Zimmer, Reseda und Veilchen ins offene Fenster« und daneben »sämtliche Werke Goethes auf den Tisch«. Schon nach einer ganz kurzen Bedenkzeit fängt er an.

Es gilt ja nun, das Buch »Über Goethe vom menschlichen Standpunkte« zu verfassen, das 1846 in Darmstadt erscheinen wird. »Hier ist ein Mensch, der will zu mir«, singt Grün und schreibt sich mit flotter Feder in den Olymp der Humanität, um den dort residierenden Goethe erstmals und stellvertretend für alle anderen Menschen rein menschlich zu sehen. Ein vielversprechendes Unterfangen, gerade jetzt, »da wir die Anhöhe erklommen haben, von wo aus sich die Entwicklung der Menschheit bequem überschauen läßt.«

Endlich macht sich mal einer daran, aus dem Pudel den wahren, den sozialistischen Kern herauszuarbeiten. Zudem liegen persönliche Gründe vor: »Goethe! Was verdanke ich ihm nicht! Er ist der Schutzgeist meiner Jugend gewesen, der stille, weise Meister, der mir das Ewige in großen Bildern entgegenhielt; der Lenker, dessen Zügel ich empfand, wenn ich im Überschwenglichen und Unförmlichen mich zu verlieren drohte.« Nun hat der Lenker die Zügel aber offenbar wieder schleifen lassen, denn in vollstem Überschwang jubelt nun Grün: »Mit Goethe hat Deutschland einen Dichter besessen, der von allen Dichtern der Welt sich sowohl auf den menschlichen Inhalt als auf die schöne Form verstand, wie keiner vor noch nach ihm.«

Natürlich ist dies vollinhaltlich und hundert Pro richtig; schon längere Zeit war in gut unterrichteten Kreisen das nach allen Seiten in sich gerundete Menschsein Goethes betont worden.

Nicht zuletzt der Dichter selbst hatte verfügt, man solle

auf seinen Leichenstein schreiben: »Dieser ist ein Mensch gewesen.« Und sein Adlatus Friedrich Wilhelm Riemer rief ihm nach: »Dann aber – und das ist die Hauptsache – Goethe war ein Mensch im vollsten Sinne des Wortes, und als solcher konnte ihm nur der Mensch behagen, sein Studium und seine Neigung sein.« Goethe und Riemer mußten es schließlich wissen, waren sie doch selbst dabeigewesen. Ganz bei sich in nächster Nähe.

Da kann nun auch Karl Grün nicht mehr an sich halten und stimmt entzückt mit ein; denn auch er, der nach eigenem Bekunden zum »großen Freimaurerorden der Menschheit« gehört, trägt in seinem aufgewühlten Innern »das Vollgefühl menschlicher Bestimmung« herum. In diesen innersten Geheimnisgemächern nämlich gilt die Faustregel: »Der Kern der Natur ist Menschen im Herzen. Im Menschenherzen ist der Kern der Natur. Die Natur hat ihren Kern im Herzen des Menschen.«

Das mag ein wenig nach Gertrude Stein oder nach schwärmerischer Wirrnis klingen – ist es aber gar nicht! Denn nur mit Hilfe dieser streng logisch-philosophischen Deduktion kann Grün zum Kern, also ins glühend heiße Pudelinnere vorstoßen: Der Geheime Rat Goethe nämlich ist das oberste und edelste Ausstellungsstück der »Repräsentantenkammer der Menschheit«. Und kein Geringerer als Karl Grün hat diese »vollendete Menschlichkeit« klar und trefflich erkannt: »Es ist nichts als menschlicher Inhalt in Goethe, pulsierender, aus dem Leben gegriffener Inhalt«.

So ist es.

Aber was dachte sich Goethe eigentlich dabei? »Er dachte und stellte den Menschen so dar, wie wir ihn heute verwirklichen wollen«, mit anderen Worten: seine Werke sind »ein wahrer Koran des Menschentums, ein Kodex für die radikale Umgestaltung der Gesellschaft«. Und mit nun noch einmal ganz anderen Worten: Goethe ist »das Ideal der vollendeten Menschlichkeit«, daher konnte er auch »kein nationaler Dichter werden, weil er« – ja eben! – »zum Dichter des Menschlichen bestimmt war«.

Nun ist der Weltbürger Goethe geboren, den es den Deutschen zu entreißen gilt. Von ihnen politisch verfolgt, sah Grün in seiner Heimat eine indifferente, ästhetisierende Geistesaristokratie am Werk, die »keine Miene« machte, »sich der Masse in tatsächlicher Weise zu nähern«, noch auch bereit war, »von ihrem Bildungsolymp herab einige Scheidemünzen des Trostes und der Belehrung unter die Masse zu werfen.«

Also gibt Grün Gas und ruft wild entschlossen zum Sturm aufs Portemonnaie der Bildungsolympier: »Diesen Herren Atomisten, Goetheanern und Goethomanen wollen wir das Brett unter den Füßen wegziehen, indem wir den rätselhaften Geheimbderat von Weimar als Flügelmann oder Tambour-Major direkt in unsere Reihen stellen« –: Goethe also in einer neuen, ungewohnten Rolle als »Bombenmörser«, als »wahrer Sozialist«, um so die »große Festung im Innern ihres Reiches« zu nehmen.

Hier traf sich Grün übrigens fast mit dem dicksten aller SPD-Politiker, dem Homme de lettres und Goethe-Preisträger von 1967, Carlo »Kater« Schmid. In seiner Dankesrede sagte der Sozi abschließend und goethebezüglich: »Wenn wir in unser Selbst eingebracht haben, was wir von ihm aufzunehmen imstande sind, stehen wir überall am rechten Ort und in seinem Zeichen. Karl Jaspers hat recht: Goethe ist noch für uns alle da.« Ebenso wie mein Bac, dein Bac, Nesquik oder die beliebten Familienspiele von 9 bis 99.

Goethe hin, Nesquik her, aber sagen Sie mal, Herr Grün: Gab es denn wirklich nur diesen einen? Nur Goethe? War denn, mit Verlaub, nicht auch Friedrich Schiller der Würdigsten einer?

Aha, immerhin, soviel muß nun selbst ein Karl Grün zugeben: »Schiller war alles, was man sein kann, wenn man nicht Goethe ist.«

Karl Grün hingegen war Karl Grün und konnte nach Abschluß seines Buches leicht ermüdet »mit dem Bewußtsein die Augen schließen, daß er der Bestimmung, Mensch zu sein, keine Schande gemacht« hatte. Allzu lange konnte er aber nicht vor dem Schreibtisch dösen, den Kopf auf Goethes Werken und eingelullt vom reinpflanzlichen Resedenduft. Denn Grüns »reine, durchlüftete Begriffe vom wahren Menschentum« riefen alsbald jene zwei Kritiker auf den Plan, die für sozial verbrämtes Schwärmertum nur bedingt zu haben waren: Karl Friedrich und Marx Engels.

Alleweil auf dem Sprung, lästige Konkurrenz von »waldursprünglichen Knownothing-Knoten« aus dem Weg zu räumen und sentimentale Predigten von Gefühlsdusseln zu unterbinden, hieben sie im Kommunistischen Manifest ordentlich auf den »wahren Sozialismus« ein, den sie statt von »duftenden Reseden« umgeben eher mit »liebesschwülem Gemütstau« behaftet sahen. Was Grün gemacht hatte, das sollten die Ziegen fressen.

Hingebungsvoll rechnet Engels in einer ganzen Artikelserie mit Grün ab, der fatalerweise auch noch ein Anhänger des gleichfalls übel angesehenen Anarchisten Pierre-Joseph Proudhon ist. Dessen wirtschaftspolitisches Credo »Eigentum ist Diebstahl«, meint Grün, ist ja schon fast selbst gestohlen. Zumindest aber vorweggenommen vom Ursozialisten und Umverteilungsfan Goethe, der in seinem Gedicht »Katechisation« die Idee der praktischen Enteignung schon vorformuliert hat:

Bedenk, o Kind, woher sind diese Gaben?
Du kannst nichts von Dir selber haben. –
Ei, alles hab ich vom Papa.

Und der, woher hat's der? – Vom Großpapa. –
Nicht doch! Woher hat's denn der Großpapa bekommen?
Der hat's genommen.

Ein leichterrungener Sieg für Engels. Er hat »die ungefährlichen Dimensionen des Epigramms« klar erkannt: »Hurra! schmettert Herr Grün aus vollem Halse, la propriété c'est le vol – leibhaftiger Proudhon!« Er fordert deshalb schwer ironisch das Großkreuz der Ehrenlegion für Grün, den er ja nun schon niedermachen muß. Das ist beschlossene Sache, noch bevor er das Buch des Störelements gelesen hat. Schließlich ist der Verriß mit Marx vorab vereinbart.

Es paßt ihnen nicht, daß Grün den Wilhelm Meister zum »Kommunisten« ernannte, es will den beiden nicht schmekken, daß Grün anhand des enteigneten Milchtopfs in dem Stück »Der Bürgergeneral« die Eigentumsfrage zu lösen sich anmaßt, es geht ihnen gegen den Strich, daß dieses Würstchen zu allen »Philistereien Goethes« seinen »menschlichen« Mostrich dazugibt, daß er den Frankfurter und den Beamten Goethe zum »wahren Menschen« macht, während er »alles Kolossale und Geniale« einfach übergeht oder gar bespuckt.

Engels rümpft also Marxens Nase über die Grünsche Flitzkacke: »Die Apologie des Herrn Grün, der warme Dank, den er Goethen für jedes philiströse Wort stammelt, das ist die bitterste Rache, die die beleidigte Geschichte über den größten deutschen Dichter verhängen konnte.«

Und räumt den Haufen ausgegoetheten Menschentum mit einer beherzten Wischbewegung vom Tisch.

Heinrich Düntzer
oder Die Erkläranlage im Garten Goethemanie

In Dunkelheit verloren
Und ohne Ruh
Die klassischen Autoren
Erläuterst du.
Doch wer, o sprich!
Erläutert dich?

Oscar Blumenthal über Heinrich Düntzer

Wollt ihr den totalen Goethe? So dröhnte es hohl und blechern aus dem Loch im Barte Heinrich Düntzers. Mitten hinein in die Menge. Und wenn sie bejahte, sagte er: Gut, aber bevor ihr ihn bekommt, muß ich erst ein wenig ausholen, mich tüchtig verzetteln und vom Hundertsten ins Hunderttausendste kommen.

Wenn es in der Geschichte der Goethe-Forschung je eine Figur gab, die exemplarisch für einen beamtenhaft deutschen und tragisch mißverstandenen Literaturbegriff steht, für eine rastlos aktensuchende und faktenstiftende Biographistik, für eine geisttote Germanistik der Sachbearbeiter und Sackgesichter, dann ist es der allzeit verzweifelt um Ansehen ringende Heinrich Düntzer.

Er wollte Goethes Welt der Dichtung der ganzen Welt verständlich machen – mit einer unglaublichen Agglomeration von Jahreszahlen, Geburts- und Erscheinungsdaten, mit besserwisserischen Anmerkungen und trivialen Worterklärungen. Er wollte mit Goethe unsterblich werden, und überlebte doch nur in dem Zitat »Hier irrt Goethe!« – welches er, Düntzer, zu allem Überfluß auch noch nicht einmal gesagt hat. Jedenfalls nicht wörtlich und nicht so. Was konnte er schon dafür, daß es nun einmal seine »Bestimmung« war, »das Verständnis Goethe's als genialster Dichter und edler herrlicher Mensch gründlich zu fördern und weiteren Kreisen zu eröffnen«? Erstmal gornix.

Für seine Forschungen hatte er Prinzipien: Ordnung! Penibilität!! Exaktheit!!! Und Fleiß!!!!

Alles, was es an Helmut Schmidtschen »Sekundärtugenden« (O. Lafontaine) gab. Abarbeit an Goethe! »Elender ist nichts als der behagliche Mensch, der nicht an mir arbeitet, an mir, als mit der schönsten aller Gaben, die wir heutzutage haben.« Das hatte Goethe selbst am 13. Januar 1779 getagebucht. Und Düntzer wußte das. Wie er überhaupt alles wußte bzw. wissen wollte: Wann Goethe was schrieb; wer vor Verfertigung der Niederschrift bei ihm war und wer nach ihm; wer die kannte, die bei ihm waren und wer besondere Angaben dazu machen kann; wann die geboren und wo zur Schule geschickt wurden, die welche kannten, die dabei waren als Goethe in der wahrscheinlich späten Vormittagsstunde des . . . usw. usf.

Egal, wie viele es sein mochten, Düntzer wollte alle Geheimnisse um Goethe lösen. Wie? »Ist denn die Welt nicht schon voller Rätsel genug?« fragte Goethe in anderem Zusammenhang und wäre wahrscheinlich vor Neid erblaßt, wenn er erfahren hätte, daß er, der Superstar von Weimar, zwar stil- und schulbildend war, aber dennoch nicht verbbildend. »Goethen« kann man bis heute nicht, »düntzern« aber schon, denn Heinrich Düntzer ist der einzige Literaturwissenschaftler der Welt, nach dem sogar ein Verb gebildet wurde.

Aus dem baren Nichts heraus schuf der pommersche Adlige und Bücherfex Gustav von Loeper das Verb »düntzern« für die Art von Buchhalterphilologie, wie Düntzer sie betrieb. Ob er letztlich ein »großer Forscher« (Düntzer) war oder halt doch nur ein »großer Esel« (Eg. Friedell), konnte mit letzter Sicherheit leider nie geklärt werden.

Aber was bedeuten schon Verleumdungen von Neidern und Mißgünstlern. Düntzer, der geistig in sich vollendete Mensch, wußte es besser und schrieb daher über sich und Goethe: »Einem geistig in sich vollendeten, großartig entwickelten Menschen vermag im höchsten Sinne nur eine gleich begabte Natur gerecht zu werden: Sie allein kann alle Regungen desselben voll mitempfinden, alle Entwicklungskämpfe nachfühlen, alle verschlungenen Bildungsgänge ahnungsvoll verfolgen, sich ganz in die genießende, denkende, sich bildende, kämpfende und ringende Seele versetzen, jedes Gelingen und Mißlingen würdigen, die reine Summe des gesamten Daseins ziehen.« Erschwerend hinzu kommt noch die Liebe zum Gegenstand, die »durchdringende Spürkraft« verleiht und nicht ruht, »bis sie von der seelenhaften Anschauung des Geliebten sich durchweht fühlt«. Die »sorgsamste Forschung«, so konstatiert Düntzer nun wieder gnadenlos sachlich, muß »den genauesten Einblick in die geheimsten Winkel« liefern – denn genau da wollte er hin.

Ja, so stellte sich Heinrich Düntzer seine Kiste mit Goethe vor, im Vorwort zu seiner unanständig dicken Biographie »Goethes Leben«. Es war ihm, dem Blutsbruder des Klassikers, ganz persönlich, bis in den letzten zitternden Rockschoß hinein, »heilige Pflicht, für das bessere Verständnis Goethe's zu wirken«. Dazu hatte er auch alle Berechtigung, denn er wußte alles besser.

Selbst besser als Goethe.

In der Praxis vollzog sich das so: Der allmählich dahinwelkende Weltliteraturdichter wurde, es war am 5. März 1830, in stiller Stunde zum Feuchtaugenbiotop, als er, bewacht von Eckermann, seiner »jugendlichen Glücks- und Liebesgeschichte« mit der Frankfurter Bankierstochter Lili

Schönemann gedachte: »Ich sehe die reizende Lili«, so öffnete Goethe die Herzschatulle, »wieder in aller Lebendigkeit vor mir, und es ist mir, als fühlte ich wieder den Hauch ihrer beglückenden Nähe. Sie war in der Tat die erste, die ich tief und wahrhaft liebte. Auch kann ich sagen, daß sie die letzte gewesen; denn alle kleinen Neigungen, die mich in der Folge meines Lebens berührten, waren, mit jener ersten verglichen, nur leicht und oberflächlich.«

Düntzer scheint so was schon geahnt zu haben, und wenn es etwas gab, das in seinem Lebensplane nicht vorgesehen war, dann war es Oberflächlichkeit. Also fährt er Goethe in die Parade und korrigiert den wahrscheins schon verwirrten Alten: »Dies konnte Goethe nicht mit Recht behaupten, selbst wenn wir von seiner letzten Liebe zu Ulrike von Levetzow absehen.« Ein treffsicherer Knieschuß, wie ihn kein unkritischer Goethe-Bewunderer so schnell leistet.

Bezeichnenderweise ist diese Anmerkung des eifersüchtigen Besserwissers auch die einzige, mit der er sich in die Literaturgeschichte eingeschrieben hat, sieht man von seiner persönlichen Verbwerdung einmal ab.

Und noch nicht einmal wörtlich hat seine Einlassung überlebt. Schon recht früh wurde sie zu »Hier irrt Goethe« verkürzt, geriet so u.a. in Egon Jamesons »ABC der dümmsten Sätze«, in dem Jameson eben nicht nur falsch zitiert, sondern auch noch die Hintergründe für die Entstehung des Zitats wacker durcheinanderbringt; und zu guter Letzt wurde Düntzers Nicht-Ausspruch auch noch zum Buchtitel erhoben. Das so genannte Werklein von Hanns Braun versammelt aber keine Goetheana, sondern bloß literarhistorische Anachronismen; im Vorwort schreibt Braun: »Dieses Buch heißt ›Hier irrt Goethe‹ nach einem Ausspruch von weiland Professor Düntzer, den dieser – nie getan hat. Mit nachtwandlerischer Sicherheit haben wir also zum Titel unserer Anachronismensammlung ein geflügeltes Wort erwählt, das selber wieder ein Anachronismus ist. Denn wenn es ihm, wie zu vermuten, Kollegen von der Literaturwissenschaft erst viel später in den Mund gelegt haben, dann kann es jedenfalls nicht von Düntzer zu seiner Zeit gesprochen worden sein. Gänzlich unschuldig war Düntzer an dieser Zuschreibung allerdings nicht (...) Auch in Düntzers Kommentar zur ›Natürlichen Tochter‹ (Jena 1859) bekommt Goethe noch einmal mit den Worten ›Das ist irrig‹ eins versetzt. Und von hier aus wäre es also zu ›Hier irrt Goethe‹ nicht mehr weit.«

Doch nicht nur dieser, auch Düntzers fein austarierter Satz über Lessings Todesstunde wird unsterblich bleiben: »Es war am 15. Februar Abends vor 9 Uhr, als der große Geist in dem westlichen Eckzimmer des ersten Stockes des Hauses am Aegidienmarkte 12 (die beiden von Lessing bewohnten Zimmer sind jetzt zu einem vereint) aus der zerrütteten Hülle schied.«

Was nun aber hat Düntzer genau verbrochen, wenn überhaupt?

Der gleichfalls Goethe-Forscher Jacob Minor bemäkelte 1881 im »Literarischen Centralblatt« und in neudeutscher Schreibart, daß der kühne Heinrich »unsere grossen classiker einen um den andern beim schopf nimmt und zum besten des weihnachtstisches biographisch abschlachtet« und darüber hinaus »seine biographischen daten gegenwärtig en gros verkauft: weihnachten 1879 hat uns ein Leben Goethes, weihnachten 1880 ein Leben Schillers, weihnachten 1881 ein Leben Lessings beschert«.

Das war aber nur ein Bruchteil der Vorwürfe. Weiter ging's, von anderer Seite, gegen die Art, wie er sich auszudrücken beliebte. Sein Stil sei »steif«, schon fast ein »eigenes Deutsch«, man attestierte »unheimlichen Mangel an poetischem Sinn« und eine schon »räthselhafte Harthörigkeit gegen das Räthselhafte und Mystische in aller Poesie«, man warf ihm »problemblinde Tatsachenanhäufung« vor, »archivarische Faktenhuberei«, »dichtungsfremdes Kommentargewerbe« und »stupende Detailgelehrsamkeit« bis hin zur »Unlesbarkeit«. Einzig die »Rechthaberei« habe er »in sich zur klassischen Blüthe gebracht«.

Man traute ihm überhaupt einiges zu: »Je mehr Gegner er sich großzog, desto mehr freute es ihn, die Wahrheit allein zu besitzen. Und was für Wahrheit! Nicht große, beglükkende Einsichten, die der Denker als einsamen, geheimen Schatz hegen mag, sondern eine Ansicht hier über die Datierung einer Scene, dort über eine Konjektur oder eine Interpunktion.« So schrieb der Literarhistoricus Richard M. Meyer in seinem Nachruf auf Düntzer und schloß an: »Er vertritt einen rührenden Typus, der nirgends häufiger ist als in Deutschland; den Gelehrten, der die Schönheit ach so unglücklich liebt. Es ist gewissermaßen der Fluch der Häßlichkeit ins Geistige verpflanzt: eine Erscheinung, die verdammt ist, die von ihr zärtlich umworbene Poesie zu verwunden und zu verscheuchen.«

Na und? Das konnte man schließlich auch anders sehen!

Düntzer selbst attestierte sich »Zweckmäßigkeit, Gründlichkeit und Gewandtheit der Darstellung«. Und das ist noch fast bescheiden, denn bei der »Fülle des Stoffes« und dem »Ernste der Forschung« konnten seine Schriften naturgemäß »keine leichten Speisen der Unterhaltung« werden. Doch wie kam es zu diesen schwer verdaulichen Mahlzeiten aus der Bücherküche?

Zu einfache Erklärung: Düntzer hatte kein Glück im Leben. Wenn Goethe einmal von sich sagte, »in England geboren, wäre ich ein reicher Herzog geworden oder vielmehr ein Bischof mit jährlich dreißigtausend Pfund Sterling Einkünfte«, so konnte Düntzer das keineswegs von sich behaupten. In England geboren, wäre er Kanalräumer geworden oder ein Wollzwirnabwickler, der im untersten Keller einer Textilfabrik für sein Sandwich hätte schuften müssen. »Was den Kindern des Glückes die allmächtige Fee Gunst im Schlafe beschert, wurde meinem lebenslangen Ringen und Wirken versagt. ›Das haben die Menschen gethan!‹ kann ich mit Goethe sagen«, sagte Düntzer; denn ihm »raubten sie das, wozu ich durch meine Leistungen vollkommen berechtigt war« – nämlich die Anerkennung und Anstellung als Gelehrter und Wissenschaftler.

1813 in Köln geboren und 1901 ebendort – Konrad Adenauer war gerade mal ein Vierteljahrhundert alt und hatte das beleuchtete Stopfei noch nicht erfunden –, ebendort der Welt wieder abhanden gekommen, zog es ihn schon früh in weite Ferne. Nach Bonn.

Dort konnte er zwar sich habilitieren und kleine Vorlesungen halten, aber in Bonn saß auch der starrsinnige, herrschsüchtige Professor Ritschl, der in Sachen Anstellung für Düntzer »Gott einen guten Mann sein ließ«. Ritschl »intrigierte«, »hetzte«, beurteilte den eifrigen Privatdozenten »gehässigst« und hatte es solange »auf einen Schimpf abgesehen«, bis »arge Parteileidenschaft« obsiegte. Nicht bloß »Entfernung«, sondern »Vernichtung« war das Ziel Ritschls.

Düntzers akademische Karriere ging total in die Hose. Also wurde er in Köln Bibliothekar und avancierte sodann zum privatgelehrten Ministranten in der »heiligen Kapelle« des Hohenpriesters von Weimar, kniete Tag und Nacht vor dem Altare und betete mit ihm: »Mögen mir doch die Manen Goethes vergönnen, umständlich darzulegen...«

Und gerade das war für ihn nun überhaupt gar kein Problem. Schon im irgendwie gesegneten Jahr 1836 hatte ihn »urplötzlich der Gedanke ergriffen, Goethes seit Ende 1832 vorliegendes Weltdrama ›Faust‹ in seiner Einheit und Ganzheit aufzuzeigen«, vor allem, um der »weitverbreiteten Ketzerei« gegenüberzutreten, »der zweite Theil sei keine Fortsetzung des ersten, nur ein phantastisches Spiel, das dem Leser Sand in die Augen streue. So etwas schien mir des Dichters unwürdig, mein ganzes Gefühl bäumte sich dagegen, ich fand es rein unmöglich.« Deshalb legte er vor: »Goethes Faust in seiner Einheit und Ganzheit wider seine Gegner dargestellt. Nebst Andeutungen über Idee und Plan des ›Wilhelm Meister‹ und zwei Anhängen über Byrons ›Manfred‹ und Lessings ›Doktor Faust‹.« Mit diesem erstaunlich knapp gefaßten Auftakt zu einer breiten Palette an Auslegerware stellte Düntzer klar, daß seine Gebete erhört worden waren.

Wie die Höhenrauschkugel Reinhold Messner stieg Düntzer nun dutzendfach und ohne Sauerstoffgerät die höchsten Höhen der Achttausender Faust I und Faust II hinan, um ganz oben eine Lawine von Schriften über seine Erfahrungen loszutreten. Und er befand: »In keinem anderen Gedichte haben sich alle Seiten der deutschen Natur, deutsche Gemütlichkeit, deutscher Tiefsinn und deutsche Spekulation, deutsches Erfassen der idealen Schönheit, deutsche Begeisterung für wahre Menschenwürde, deutsche Ausdauer und Thatkraft, das ganze deutsche Leben in einem so reichen Bilde gespiegelt.«

Und diese Grundlage wurde ausgebaut: »Vor allem die Klassiker sind mit Anmerkungen zu versehn«, diese Morgensternsche Gedichtzeile muß er inspiriert haben, bzw. sie ihn.

Neben einer völlig unüberschaubaren und zähen Masse an Artikeln, Kritiken und Rezensionen in den verschiedensten Zeitungen und Zeitschriften schrieb Düntzer eine Riesenzahl von Büchern. Weit über 100 Klassikermonographien gingen auf sein Konto, und weil kein anderer es besorgen wollte, verfaßte er auch gleich noch die Kommentare zu seinen eigenen Werken hinterher – insgesamt noch mal 86 Bände der Reihe »Erläuterungen zu den deutschen Klassikern«! Über die Düntzer schließlich, weil schon wieder kein anderer dieses besorgen wollte, ein denkbar kritisches Urteil abgab: die »Erläuterungen« nämlich seien »zu einer solchen Reinheit der Form und zu einem so reichen Gehalte gelangt, daß sie jedes redliche Urtheil herausfordern« durften.

Er schrieb »Homer und der epische Kyklos«, verfaßte »De Zenodoti studiis Homericis« in gleich fünf Bänden, behandelte »Die homerischen Beiwörter des Götter- und Menschengeschlechts« und wenn mal nichts mehr ging, ging immer noch Horaz.

Vor allem seine vielen Schriften über Horaz, so hoffte bänglich Düntzer, »mußten bei allen Kennern vollen Beifall wegen ihrer Brauchbarkeit« finden. Dazuhin erweiterte er erheblich die Kenntnisse über Herder und seine Frau, zakkerte unentwegt an Schillers Werken und Bildungsgang herum, teilte der Welt in mehreren Fortsetzungsbänden mit, wie es im eigentlichsten Sinne mit Klopstocks Oden bestellt sei, legte eine »wahrhafte Liebesgabe« obendrauf, den »Briefwechsel von Friedrich Jacobs mit Franz Göller nebst einer Skizze von Göllers Leben« und zerstörte auch das »trügerische Legendengewebe« um die restlichen Brocken eines Weihesteins des Kaisers Commodus. Und natürlich Goethe! Seien es »Neue Goethestudien«, »Goethes lyrische Gedichte. Für gebildete Leser erläutert« oder einfach nur »Friederike von Sesenheim im Lichte der Wahrheit«.

Nun mag vielleicht ein Ottokar-Lorenz-Forscher unter unseren Lesern sein, der schon unzufrieden und nervös zwischen Sitz- und Spielbacke hin und her wechselt, weil sein Spezialgebiet bislang nicht vorkam. Doch auch ihm kann geholfen werden, und stolz und bittesäähr und bittegleich präsentiert Prof. Düntzer die Schrift »Goethe, Karl August und Ottokar Lorenz«. Na bitte und wer sagt's denn!

Natürlich lediglich ergänzend zu der Schrift »Goethe und Karl August während der ersten fünfzehn Jahre ihrer Verbindung«, denn »die Richtigstellung dieses einzigen Bundes war mein ganzes Leben hindurch mein ganzes Augenmerk«.

Weiter ging's mit »Goethes politischer Ansicht und seine Stellung zu den Bewegungen seiner Zeit«, mit »Goethes Freundeskreis« (dieses erstaunlicherweise unter der »gespannten Aufwendung der ganzen Kraft«) und selbstredend mit »Goethe, Meyer und die Propyläen«. Und so fortan.

Das ganze Zeug fluppte nur so aus ihm heraus. Locker hätte es Düntzer noch auf die doppelte Anzahl von Bänden gebracht, allein der Verleger sah sich eines Tages gezwungen, einen folgenschweren Entschluß zu fassen, dem Wahnsinn ein Ende zu bereiten – und sich selbst zu entleiben.

Und je mehr es fluppte, desto mehr Gegner Düntzers schwuppten hinterher: der Leipziger Buchhändler und Verleger Salomo Hirzel etwa, der hinter der »gewissenlosen Beschuldigung« sowie auch deren »frevler Wiederholung« steckte, Düntzer selbst habe »die Druckfehler der ersten dreißigbändigen Goethe-Ausgabe verschuldet«.

Oder der Professor Adolf Schöll, ein »Verblendeter«, ein »Lebensverbitterer«, der »alles that«, Düntzers »Verdienste zu verkleinern«; gegen diesen liederlichen Lump konnte sich der Kleinverdienstete nur noch mit der Gegenschrift »Die Goethesche Textkritik und Herr Adolf Schöll« retten, erschienen in Band 40 von Herrigs »Archiv für die neueren Sprachen«.

Oder Dr. Eckstein, der nicht etwa nur während einer Philologenversammlung einen »zweideutigen, unanständigen Ausdruck« verwendete, sondern »obendrein in der katholischen Studienanstalt St. Stephan dadurch Anstoß erregte, daß er die an den Wänden der Schlafzimmer befestigten kleinen Weihwasserkessel für Spucknäpfe (!) hielt« und auch sonst praktisch nichts über Goethe wußte; er war »ein seichter Mann«, der sich vielfach »unartig, hämisch und albern« gegen den guten Düntzer betrug.

Oder Professor Goedeke, der Düntzer nicht nur die Kompletterstausforschung des Goethelebensjahres 1775 streitig machte, sondern sogar noch einen »heißen Ernulfus-Fluch« über Düntzer ausgoß; dieser Herr sollte aber alsbald erfahren, daß »blinder Eifer nur schadet«, denn seine, Düntzers, Entgegnung war natürlich »durchschlagend«.

Oder der Literaturbetrachter Karl Varnhagen von Ense, der den Jupiter noch eigenäugig gesehen hatte und wenig freundlich meinte: »Goethe selbst würde sich entsetzt haben vor all diesen Schriften, aber das schadet nicht!« Warum denn nicht, Herr von Ense? Ganz einfach: »Die Poesie steht unangefochten vor diesem Schwall von Bemerkungen, Fragen und Untersuchungen, sie wird wie ein Felsen im Meere von den Wogen nur umspült, nicht erschüttert.«

Oder der Goethe-Auch-Biograph Alfred Baumgartner SJ; er erdreistete sich gar, Gretchens Ausruf »Heinrich, mir graut vor dir!« gegen Düntzer zu wenden.

Oder, oder, oder... ja, man glaubt es kaum, »Hochmuth und berauschter Eigendünkel sich deutsch nennender Gelehrter« schlugen ihm zuhauf entgegen, »leichtfertige Fußtritte«, wahre Pferdeküsse, wurden ihm beigebracht und »neidische Nadelstiche« versetzt. Düntzer war Christi Seitenwunde und Essigschwamm zugleich.

Das alles kann man nachlesen in Düntzers großangelegter Lebensbeschreibung »Mein Leben als Ausleger« (Leipzig 1899), einem erschütternden Kompendium lebenslänglich erlittener Anfeindungen und Hintanstellungen. Zeitlebens, so bilanziert der Autobiograph bitter, versuchte man ihn »totzuschweigen« oder gar »todt zu schlagen«, hielt »Strohkranzreden« auf ihn, ja, man bemühte sich, sein »ganzes in Mühe und Arbeit verbrachtes, bedeutende wissenschaftliche Erfolge aufweisendes Leben als verpufft« auszurufen.

Ein letzter und schwerster Schlag wurde dem redlichen Forscher versetzt, als die Goethe-Gesellschaft gegründet wurde. »In aller Eile wurde eine konstituierende Versammlung einberufen, ohne mich zu berücksichtigen.« Skandal! Von der Vorstandschaft wurde er ferngehalten, man erklärte ihn für einen »Rechthaber und Zänker«, zur Strafe durfte er bloß einfaches Mitglied sein. Und warum? Weil er dem ersten Vicepräsidenten Scherer und dem Vorstandsmitgliede von Loeper »gewissenhaft die reine Wahrheit gesagt, des ersteren Schrullen als Entstellung der Wahrheit zurückgewiesen, dem andern Mangel an fester Kritik und gründlicher Auslegung vorgeworfen hatte«. Später bissen diese Säue ihn auch vom Trog der Großen Weimarer Sophien-Ausgabe weg.

Doch Düntzer wußte, im Getös des widerbellenden Gekläffs, »die Wahrheit« auf seiner Seite – und konnte zuletzt, zuallerletzt doch noch triumphieren: »Man konnte meine Felsblöcke nicht wegschieben.« Denn »der Neid kann nichts zerstören, nur das Gute in seiner Weise widrig umspinnen«. So ließ er den »leeren Wind der Unkundigen« wehen, wohin er wollte, er »lebte in der Sache«, die Goethe hieß und krallte sich fest in der Bart und Bauch durch- und durchwaltenden Grundüberzeugung, daß all seine Mühen, so es noch einen Gott gab, doch einfach nicht vergebens sein *konnten*!

Und – hurrah! – hier irrte Düntzer nicht: Zwar erst 1899, aber halt doch immerhin, wurde Düntzer, dessen Bart nun schon die Beine seines Schreibtischs umgarnte, als »Nestor der Goethe-Philologie« anerkannt. Und zwar vom weltberühmten Zwickauer Goethe-Verein, der Düntzer stante pede und in voller Anerkennung all seiner Verdienste zum ersten Ehrenmitgliede wählte.

Welch eine Wendung durch Goethes Fügung!

Marietta Schaginjan
oder Wider die Aristokratenknechtpropaganda

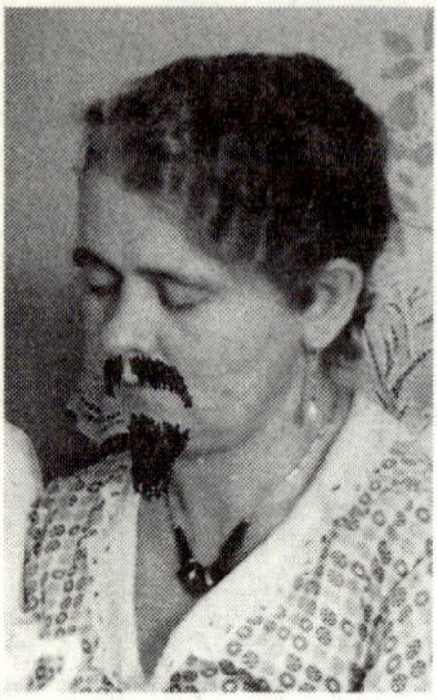

Das Mitglied des Zentralkomitees der Sozialistischen Einheitspartei Deutschlands, Vollmitglied des Politbüros, Vorsitzender des Ministerrates und gelegentlich sogar Vorsitzender des Staatsrates der DDR, der vormalige Maurer und nachmalige Mitbaumeister der DDR, Willi Stoph, war trotz seiner gewaltigen Ämterfülle auch immer mal wieder, besonders nach Feierabend, arschlocker drauf. Dann lehnte er sich krachend in seinen pappfaserverstärkten Elastesessel zurück, montierte seine Mundwinkel in eine Position, die er für Schmunzeln hielt, und sagte: »Goethe war schon in der SED!« Und fuhr, nachdem er das geheuchelte ungläubige Staunen in den Gesichtern seiner Claque zufrieden zur Kenntnis genommen hatte, leicht flunkernd fort: »Am Eingang zu seinem Gartenhaus nämlich steht geschrieben: ›Hier habe ich gelebt, Genossen.‹«

Spontaner, lang anhaltender Beifall.

Den hätte gewiß auch gerne die Genossin Marietta Schaginjan gespendet. Zwar trug sie leider nie einen sauber ausdefinierten Gesichtspullover, aber als einziger Frau dieser narrischen Nomenklatura soll ihr hier ehrenhalber und post festum ein gut gewachsener verliehen werden. Das kostet uns ja nix. Verdient hat sie ihn ganz bestimmt für ihre unerschrockene Neuinterpretation von Werk und Wirken Johann Wladimir Goethes.

Unter den 700 Widmungsexemplaren, die sich heute noch in Lenins 20 000 Bände umfassender Hausbibliothek befinden, sind auch signierte Werke von Marietta Schaginjan. Und jedem Sowjetbürger ist bekannt, daß Lenin nur ein einziges Buch mit in die Verbannung nach Schuschenskoje in Sibirien nahm – nämlich den »Faust« von Goethe. Auch in der gesamten Emigrationszeit führte er stets seine Ausgabe mit sich.

Wenig überraschend notiert daher Frau Schaginjan: »Die Worte Lenins über Tolstoi sind Richtlinie und Wegweisung« in ihrem revolutionären Ausdeutungswerk »Goethe«, das 1950 in Leningrad und schon 1952 übersetzt und wohl eher aus Versehen nicht in der sog. »DDR«, sondern in Essen erschien; Wegweisung nämlich »für die sowjetische Literaturforschung unserer Tage«. Und genau diese Worte »geben uns die beste Anleitung für das richtige Verständnis Goethes«. Ja, so ist es. Aber welche Worte genau hatte Wladimir Iohann Lenin über Leonid Iljitsch Tolstoi verloren?

Diese: »Eine richtige Wertung Tolstois ist nur vom Standpunkt derjenigen Klasse aus möglich, die durch ihre politische Rolle und ihren Kampf während der erstmaligen Aufhebung dieser Widersprüche durch die Revolution ihre Berufung, Führer im Kampf um die Freiheit des Volkes und die Befreiung der Massen von der Exploitation zu sein, bewiesen hat. Eine richtige Wertung Tolstois ist nur vom Standpunkt des sozialistischen Proletariats aus möglich, das eine selbstlose Hingabe für die Demokratie und seine Fähigkeit, gegen die Beschränktheit und Inkonsequenz der bürgerlichen (und auch bäuerlichen) Demokratie zu kämpfen, bewiesen hat.«

Eine richtige Wertung Goethes nahm die verdiente Stalinpreisträgerin Schaginjan denn auch sogleich und gegen den erbitterten Widerstand der beschränkten und inkonsequenten bürgerlichen Bärte vor. Endlich wird mit der faulen Fama aufgeräumt, Goethe sei ein »Aristokratenknecht« (Hni. Heine), ein Bildungsbourgeois mit ausgeprägtem Hang zur »Geheimratsprosa« (A. Schmidt) – das genaue Gegenteil ist der Fall!

»Es ist unwahr«, rückt Frau Schaginjan die Möbel zurecht, »daß Goethe immer ein Feind der Revolution von 1789 war, wie das die Reaktion zu behaupten liebt.« Vielmehr ist nämlich der Rotfrontkämpfer Goethe »in die Literatur vor allem als ein Neuerer eingegangen«, von der Barrikade herunter stürmte er als »unerschrockener, nahezu revolutionärer Sohn des dritten Standes, dessen Angriff auf die alten Werte und Traditionen die Morgenröte eines großen Aufstiegs verkündete«.

Ein Glück, daß Großherzog Karl August, Goethes feudaler Ausbeuter, das nicht mehr mit anhören muß! Nicht schlecht hätte der Knechtenfürst gestaunt, wäre er gewahr geworden, wie eine der kommunistischen Irrlehre verfallene Autorin mit kaltblütiger Dialektik und einem ausgeprägten Sinn für Sonnenaufgänge das Vermächtnis des revolutionären roten Riesen entzweiteilt – und einen »Trennungsstrich« zieht »zwischen den historisch bedingten reaktionären und daher zur Vergänglichkeit bestimmten Wesenszügen Goethes und denjenigen grandiosen Erscheinungen seiner Persönlichkeit, die das Morgenrot einer neuen Epoche ankündigen«. Die heute – Genosse Goethe sei's geklagt – schon fast wieder ganz vorbei ist.

Zwar wendet sich die marxistische Goethe-Adorantin auch ganz entschieden gegen Karl Grüns »süßlich-seichtes Buch über Goethe«, mit sozialistischer Strenge verweist sie jedoch auf den »volkstümlichen Charakter« Goethes und immer wieder auf »diese Herkunft des größten deutschen Dichters von Handwerkern«; der ja, jetzt dämmert es uns wieder, in seinem Lebenswerk nichts unbedingter verherrlichte als gerade das exploitierte und lohnabhängige Handwerkertum. Wie heißt es noch im »Werther« nach der von ihm sich selbst gegebenen Kugel? »Handwerker trugen ihn. Kein Geistlicher hat ihn begleitet« – ja, genau so hieß es doch!

Mit Schießereien und volkstümlichen Charakteren kannte sich Marietta S. Schaginjan (1888 – 1975) aber auch bestens aus. Als Tochter aus armenischem Hause studierte sie Philosophie, Musik und Naturwissenschaften, arbeitete als Textilweberin und Dozentin für Ästhetik. Die noch blutjunge bolschewistische Revolution unterstützte sie mit heißem Herzen, und weil ihr selbst kein Bart wuchs, wählte sie sich das Pseudonym »Jim Dollar«, unter dem sie den ersten Kriminalroman der Sowjetunion verfaßte: »Mess Mend«, eine erfolgreiche Heftromanserie, die ab 1924 in der gern gelesenen »Roten Fahne« erschien.

Später entstanden dann noch allerhand symbolistische Gedichte und Novellen, ein nicht so gern gelesenes Buch über ihre »Reise durch Sowjetarmenien« (Moskau 1954), ferner der packende Tatsachenroman »Das Wasserkraftwerk« und der heute kaum noch erhältliche Neverseller »Auf des Fünfjahrplans Bahnen«.

Aus denen sie sich freilich nie werfen ließ. Egal, welche Vorwürfe auch von Germanisten- und Imperialistenseite auf sie niederfaselten, ihre Ausdeutung des gesellschaftlichen Gesamtgoethetums war beileibe kein Mißbrauch historischer Tatsachen, denn das besorgten ja schon die anderen. Die linientreue Interpretin schützte vielmehr mit allerhand dialektischen Tricks und Kniffen einen schon fast wehrlosen Goethe, »den heute die amerikanischen Imperialisten gern als ›kosmopolitisch Entwurzelten‹ für ihre Propagandaziele mißbrauchen«. Aber die werden sich noch wundern!

Zwar räumt die unrasierte Textauslegerin gewisse Mängel im Wesen des zu Würdigenden ein (»er konnte niemals abstrakt denken, sich niemals irgendeiner theoretischen Analyse zuwenden«), im großen und ganzen hat er aber, da Revoluzzer, nicht nur »das höfische Offizösentum schwer ertragen«, sondern überhaupt »unter dem inneren Gegensatz zwischen der Welt seiner großen humanistischen Ideale und der Öde der unsauberen historischen Verhältnisse selbst gelitten«.

Was nur den einen, nämlich Frau Schaginjans Schluß zuläßt: Goethe war ein »Kämpfer gegen die Götter, gegen die Versklavung des Menschen«. Weswegen der alte Freiheitsdichter und -kämpfer ja auch so oft mit seinem Denkmalskumpel Schiller verwechselt wird, diesem obrigkeitsergebenen Fürstenknecht und erzreaktionären Supersausack.

Hans Würtz
oder Jetzt kommt's krüppeldick

Mir will das kranke Zeug nicht munden,
Autoren sollen erst gesunden.

Goethe, Sprüche

Am Morgen des 13. Mai 1780 zieht Goethe mit Daumen und Zeigefinger etwas Seltsames aus seiner Mundhöhle hervor, schluckt dreimal kräftig, verzieht das Gesicht und macht eine bedeutende Tagebuch-Eintragung: »Die menschlichen Gebrechen sind rechte Bandwürmer, man reißt wohl einmal ein Stück los und der Stock bleibt immer sitzen.«

Heutzutage hat sich die Lage im Parasitensektor relativ entspannt. Der Unbewaffnete Bandwurm (Taeniarhynchus saginatus), der Bewaffnete Bandwurm (Taenia solium), der Dreigliedrige Hundebandwurm (Echinococcus granulosus) sowie der Breite Grubenkopf (Diphyllobothrium latum) sind weitgehend aus dem öffentlichen Bewußtsein beziehungsweise aus den innersten Eingeweiden verschwunden. Nur in den hinterletzten Ecken der Gaue des vereinigten Vaterlandes hausen noch gelegentlich Gebresten, doch auch sie werden bald von der WHO-Liste der unschönen Krankheiten getilgt sein. Anderes hingegen wird überleben; mit Mißgebildeten, Krüppeln, Gehandicapten und sonstigen behinderten Lemuren werden wir auch künftig rechnen müssen.

Wie Goethe auch: »Im eigenen Schicksalskreise wird gehemmtes Körpertum ihm zum Anreger stoischer Lebenshaltung. An allen Wendepunkten von Goethes Entwicklung stehen befreundete Krüppel. Gebrechliche Denker, Dichter, Maler und Musiker aller Zeiten sind ihm Lichtbringer.«

Der dies sagt, weiß wovon er spricht. Es ist kein Geringerer als der berühmte Verwachstumsforscher Hans Würtz, im Nebenberuf Erziehungs- und Verwaltungsdirektor am Oskar-Helene-Heim in Berlin. 1932, ein Jahr vor der Machtergreifung der braunen Mistkrüppel, erscheint, es war wohl an der Zeit, Würtzens faszinierende Schrift »Goethes Wesen und Umwelt im Spiegel der Krüppelpsychologie«, welche stolze 32 Seiten dick ist und das »1. Ergänzungsheft« zu seinem gigantischen Hauptwerk – »Zerbrecht die Krükken!« – darstellt.

In diesem völlig beispiellosen Buch versuchte Würtz nicht weniger zu erfassen als die »Krüppelprobleme der Menschheit und Schicksalsstiefkinder aller Zeiten und Völker in Wort und Bild« – so verheißt es zumindest der Untertitel. Dies muß ihm aber auch gelungen sein, denn das Werk macht zumindest in einschlägigen Fachkreisen sogleich einen gewaltigen Wirbel. Nicht nur die in Elyria, Ohio, erscheinende Postille »The Crippled Child« bejubelt das Werk, auch das in Deutschland erscheinende »Tuberkulose-Fürsorgeblatt« ist voll des Lobes (»ein von der ersten bis zur letzten Seite fesselndes Buch«), und selbst der abgebrühte Rezensent der »Allgemeinen Deutschen Lehrerzeitung« zeigt sich überrascht und läßt sich zu einer gewagten Prophezeiung hinreißen: »Es ist ein Buch, das niemand, der es gelesen hat, ohne größte Überraschung aus der Hand legen wird.« Warum? Die Antwort liegt klar auf der überraschend frei gewordenen Hand: Der Autor nämlich »weicht nicht aus, wenn es sich darum handelt, an sehr heikle Probleme, wie das Christusproblem und das Kaiser-Wilhelm-Problem heranzugehen«.

Kann man wohl sagen. Den letzten Deutschen Kaiser als einarmigen Banditen zu zeigen, mag noch angehen – an was aber litt der Menschensohn? An seiner ungepflegten Frisur? An unkontrollierten Blutungen? Oder eher an Kreuzschmerzen? Egal, Würtz forscht sich wacker durchs Krüppeltum, und das aus echter Begeisterung für die Sache. Denn bekanntlich ist Würtz, so urteilt die angesehene Zeitschrift »Der Volksschulwart«, »ein feiner Psychologe, ein warmer Freund der Körpergebrechlichen«, der aus diesem Buche spricht. Lassen wir also den Gebrechlichkeitsfreund endlich selbst zum warmen Worte kommen.

Was will Würtz? Würtz will (und kann auch!) Goethes Genie vor allem aus seiner Körperbildung bzw. -unbildung heraus erklären. Glaubt man seinen Darlegungen – und wir haben allen Grund, das zu tun – dann war Johann Wildwuchs Goethe nicht erst durch allmähliches Erleiden im Lauf der Jahre, sondern schon von Anfang an im Würtzschen Sinne ein Krüppel und krückte sich durchs Leben; und neugierig, wie Krüppelforscher nun mal sind, fragt Würtz: »Wieweit aber wirkte sich in Goethe, der scheintot auf die Welt kam, sein ›körperlicher Mangel‹ seelisch aus?«

Das ist eine nur zu berechtigte Frage. Zuvor gilt es jedoch im ersten Buchkapitel (»Das Geheimnis der Wesensspröde Goethes«) dem Geheimnis der Wesensspröde Goethes auf den Grund zu gehen. Schließlich war sie ja auffällig, denn an ihr, so weiß Würtz, »nahmen Anstoß Börne, Menzel, Arndt, Mendelssohn u.a.« Ihnen allen war Goethe wesensspröd und rätselhaft, sie erlebten »neben dieser Härte, Zugeknöpftheit, Steifheit seine väterliche Güte, seine Liebeszartheit, seine hausväterliche Geduld« usw. usf. – Dinge eben, die nicht zuletzt dem warmen Krüppelfreund auf den vorbildlich gepflegten Fußnägeln brennen.

Triumph für Würtz, der nun volle Kanne auftrumpfen und endlich seine erdrückende Beweislast an den Mann bringen kann: »Der wahre Sachverhalt verdeckte sich Freunden und Gegnern Goethes, weil ihnen noch nicht das Forschungsinstrument der Krüppelpsychologie bekannt sein konnte.« Denn das hatte ja Erziehungsdirektor Würtz gerade erst in die Welt gebracht. Und sogleich erwächst in ihm ein furchtbarer Verdacht: »Könnte nicht vielleicht Goethes bis heute rätselhaft gebliebene Wesensspröde ihre Wurzel im Andeutungskrüppeltum des zu kurzbeinigen und darum übermäßig langrumpfig erscheinenden Dichters des Faust selber haben?« Und überhaupt: Hatten denn nicht »begabte Krüppelseelen mannigfache Unruhen in seinen Lebenskreis getragen?«

Aber genau! Also vergleicht Würtz den kurzbeinigen und langrumpfigen Ex-Scheintoten nicht ohne Gewinn mit anderen aus der Art geschlagenen, z. B. mit seinem Freund Herzog Carl August von Sachsen-Weimar, der bekanntlich »langbeinig und kurzrumpfig« war: »Man sieht den klugen Lebensderbling, den gedrungenen Langbeinkrüppel, den sogenannten« – aber gemach, gemach, Herr Würtz. Bitte nicht gleich alles auf einmal!

Immer schön der Reihe nach: Zunächst observiert Würtz das gesamte Umfeld Goethes, dem er trotz aller Mängel eine gewisse »körperliche Kernhaftigkeit« einräumt, mit dem unbestechlichen Blick des Krüppelforschers und führt eine beeindruckende Schar von Zeugen an: etwa den »nüchtern betrachtenden, verstandesfesten Pommern« Ernst Moritz Arndt, der bereits die »körperliche Bedingtheit Goethes« an anderer Stelle hervorhob und das »Schlüsselgesetz der den femininen Jean Paul überraschenden Wesensspröde« Goethes erkannte.

Arndt, der »Dichter und Patriot Preußens«, besichtigte im Juli in Köln mit dem Reichsfreiherrn vom Stein und Goethe gemeinsam den Dom, und hatte dabei Gelegenheit, die »Weimarer Exzellenz« ein paar Tage »in Muße« zu betrachten. Und was sah er? »Die stolze breite Stirn und die schönsten braunen Augen, die immer wie in einem Schauen und Betrachten begriffen, offen und sicher feststanden und auf jeden Gegenstehenden und Gegenschauenden trafen.« Genau das hat Würtz auch gesagt! Aber Arndt fährt fort: »Doch gewahrte ich ein kleines Mißverhältnis in der Gestalt des schönen Greises: wenn er stand, gewahrte, wer überhaupt dergleichen sehen kann, daß sein Leib eine gewisse Steifheit und gleichsam Unbeholfenheit hatte: seine Beine waren um sechs, sieben Zoll zu kurz.«

Nun ist es heraus: Goethe, der größte Deutsche, war ein Stück zu kurz! Sogar ganze sieben Zoll! Was spielt es da für eine Rolle, daß der hannöverische Arzt Georg Friedrich Strohmeyer, dessen Zeugnis Würtz wohl übersah, etwas anderer Meinung ist: »Wenn er stand, bemerkte man, daß seine Unterextremitäten etwa um einen Zoll zu kurz waren.« Auch Goethes Leibarzt Doktor Vogel wird herangezogen: »Goethe war von hoher Statur, sein Knochenbau stark und regelmäßig.« Nein, das war leider nicht so passend, aber jetzt: »Die Verhältnisse seines Körpers würden untadelhaft gewesen sein, wenn die untern Gliedmaßen um ein weniges länger gewesen wären.« Wahrscheinlich trug dieser Mangel dazu bei, daß Goethen, wie er in »Dichtung und Wahrheit« beichtet, das »Schließen der Beine zu Pferde« weniger gelingen wollte als seinen Mitscholaren auf der Reitbahn.

Dieser »Mißwuchs unseres Dichterfürsten« hat gefährliche Konsequenzen, wie Würtz uns warnend mitteilt: »Kurzbeinigkeit läßt den Körper vornübersinken. Den schlagenden Beweis liefert der kurzbeinige Napoleon I.« Der bekanntlich eines schönen Tages im Exil auf der Insel Elba plötzlich vornüberkippte und mit einem lauten Platsch in den Fluten des tyrrhenischen Meeres bei Waterloo versank.

Als er aber noch lebte, steckte Napoleon die Finger der rechten Hand gerne unter seine Jackenknopfleiste, was ja noch angehen mag. Goethe indes hatte die Eigenart, die Hände hinter dem Rücken zu verschränken und leicht vornübergebeugt durchs Leben zu wandeln. Jede Menge Zeugen läßt Würtz nun aufmarschieren, um seine Krüppelthese zu belegen, z. B. Goethes Jugendfreund und Mitstudent Johann Adam Horn: »Er hat sich (weil es die Fräulein gern sehen) Gebärden angewöhnt, bei welchen man unmöglich das Lachen enthalten kann. Einen Gang hat er angenommen, der ganz unerträglich ist.« Leider ist der Zeuge Horn aber nicht ganz koscher, ja, für Würtz fast wertlos, denn »Horn war übrigens selber gebrechlich, er wurde gewöhnlich das ›Hörnchen‹ genannt. Goethe und seine Freunde machten sich über seine krummen Beine lustig.«

Da fragt man sich doch und den Herrn Würtz gleich mit: Wer ist hier eigentlich behindert und in welchem Maße?

Gute Frage, die nächste bitte!

Okay: Hatte Goethe denn noch mit anderen Krüppeln zu tun?

Antwort: Aber ja! Goethe hatte gar keine andere Wahl: »Wohl noch nie hat sich ein Dichter mit solcher Blickweite bemüht, aus seinem Blickfelde die Schönheit des Charakteristischen zu bannen, dennoch konnte er Gebrechliche aus seiner Umwelt nicht ausschalten« – warum eigentlich nicht? Er hatte doch gute Beziehungen zum Geheimdienst! Aber die Katastrophe war nicht abzuwenden: »Er mußte sich von großen Gebrechlichen entscheidend befruchten lassen.«

Zum Beweis des Befruchtungsirrsinns läßt Dr. Würtz nun eine Krüppelparade auflaufen, wie sie die Welt noch nicht gesehen hat:

Beispielsweise war Goethe 1778 auch mal in Berlin – »obwohl er sich in dem ›klaren, prosaischen Berlin‹ als mitteldeutscher Berg- und Walderleber nicht heimisch fühlen konnte«. Potzblitz! Warum aber verließ Goethe Wald und Berg? Weil er, man mag es kaum glauben, den »bedeutenden Buckelkrüppel Moses Mendelssohn sprechen wollte«.

Doch nicht nur den. Ein andermal traf der Walderleber den bedeutenden französischen Politiker Charles Maurice Talleyrand, »das Gebrechen Talleyrands, den Klumpfuß, erwähnt Goethe nicht«, wütet Würtz, »aber er wittert das Mephistophelische in dem gewieftesten Diplomaten Europas«. Na, wenigstens etwas.

Gelegentlich traf Goethe auch Schopenhauer, und siehe da: »Der Weltschmerzdenker und Nirvanaträumer Schopenhauer war wie Goethe mit einem Mißverhältnis zwischen Rumpf und Beinen belastet.« Darüber hinaus wird Schopenhauers Schwester Adele, die Goethe oft zum Kaffeeklatsch begleitete, als »abschreckendhäßlicher Mensch« beschrieben. Na bitte und na also!

Und nun geht's Schlag auf Krückenschlag: Lauert hier »der Fußkrüppel Lord Byron«, wartet da auch schon »der Fingerkrüppel Karl-Friedrich Zelter«; humpelt dort Goethes Jugendfreund, »der Häßlichkeitskrüppel Johann Heinrich Merck«, hinkt hier auch schon »der hüftlahme Philosoph Schleiermacher« herbei; und kaum ist Goethe dem Maler Roesel, »einem Zwergwuchskrüppel« begegnet, rennt er auch schon in den Rollstuhl des »Ressentimentkrüppels Ludwig Börne«; dazwischen liest er die Werke des »lahmen Walter Scott« oder läßt sich inspirieren »von dem französischen Häßlichkeitskrüppel, dem seelisch feinen, aber körperlich plumpen Stendhal«. Die ganze Aktion Sorgenkind auf einmal!

Aber das reicht Goethe nicht: »Er läßt sich auch belehren von dem Wuchskrüppel Erasmus von Rotterdam«, er bewundert ohne sich zu schämen »die Kompositionen des rundrückigen Opernkomponisten Ritter von Gluck«, und der »Andeutungskrüppel Immanuel Kant wird für Goethe unwillkürlich zum Verdeutlichungsspiegel seiner Lebenstaktik«.

Würtz schäumt vor Wut, denn nun hat er nicht nur herausgefunden, daß Goethes Umfeld u. a. aus taktischen Verdeutlichungsspiegeln bestand, sondern manchmal sogar aus Wünschelruten: »Problematische Geister werden Goethe immer wieder zu Wünschelruten. An der Spitze dieser rätselhaften Anreger steht wieder ein Krüppel, sein scharfsinniger Antipode in der Farbenlehre – der satirische Buckelkrüppel Lichtenberg.« Und kaum ist der erkannt, schaltet Würtz auch schon einen Antipoden weiter: »Das Gegenspiel zu dem verbitterten, oft bis zum Wahnsinn verdüsterten Lichtenberg ist der ewig heitere Rachitiker Wolfgang Amadeus Mozart.«

Nicht zu fassen! Rundherum ein Heer von Krüppeln, und mittendrin sitzt Mozart und lacht sich scheckig. Dieser Idiot! Der sollte sich mal ein Beispiel an Beethoven nehmen, diesem »kleinen, plumpen, im Gesicht durch Pockennarben entstellten Musiker«. Ahnt Mozart denn überhaupt, was hier gerade auf dem Wünschelrutensektor los ist? Da, genau, da zuckt schon wieder eine, und sie ähnelt auf frappante Weise dem »frivolen Spötter« Voltaire, dem Würtz leider nur ein vergleichsweise harmloses Handicap bescheinigen kann: »In dem kleinen, grundhäßlichen Franzosen ergreift Goethe ebenfalls eine Wünschelrute.«

Der behindertengerechte Heimleiter Würtz indes greift schon wieder nicht zur HB, dazu bleibt weder Zeit noch Muße, denn nun holt er aus zu seinem letzten und gewaltigsten Beweishammer, der sagenumwobenen Freundschaft Goethes mit seinem Gönner und Geldsack, dem langbeinigen Herzog Carl August. Wir erinnern uns, daß Carl August – im Gegensatz zu dem »Lebenszärtling Herder« – eher ein »Lebensderbling« war, sonst können wir das nun nachfolgende Krüppelfachchinesisch nicht verstehen: »Man sieht den klugen Lebensderbling, den gedrungenen Langbeinkrüppel, den sogenannten ›Sitzzwerg‹, den Freund des Kurzbeinherblings Goethe – des sogenannten ›Sitzriesen‹ – ingrimmig lächeln, wenn er an Knebel schreibt: ›Für den Streusand danke ich.‹«

So geht es eben zu zwischen Herblingen und Derblingen, und mit Fug und Recht sprechen wir hier von der – bitte festhalten! – : »Wechselentkrüppelungsfreundschaft dieser körperlich Disproportionierten und geistig verhältnisgerechten großen Gestalten«. Die, so dürfen wir wohl ergänzen, sich nur wie lächerlich kleine Zwergwuchskrüppel ausnehmen neben der größten Leuchte der modernen Krüppelpsychologie, Herrn Erziehungsdirektor Hansi Würtz. Ehre sei ihm im Oskar-Helene-Heim!

P.S.: Offensichtlich war sich Würtz des bevorstehenden Erfolges seiner Forschertätigkeit sehr sicher. Im Deckel seiner goetheschen Krüppeliana stellt er bereits weitere Würtz-Werke »in Aussicht«, u. a. »Glück im Krüppelnotland«, »Gebrechliche als Meister des Pinsels«, »Krüppeloriginale und -käuze«, »Sieghafte Heerführer trotz Krüppeltum« und natürlich seine ganz persönliche Mega-Freak-Show: »Schaukrüppel und Hofzwerge«.

Ach, wer da mithumpeln könnte!

Friedrich Theodor Vischer
oder Goethe als gereimter Weltwurstzipfel

Der Komische ist ein umgekehrt Erhabenes.

Friedrich Theodor Vischer

Weh und Ach! Stank und Höllenknaster! ruft der bitterböse Friedrich Vischer, denn durchdringende Mißlaune, tiefgreifender Trübsinn und ein heiligmäßiger Zorn bestimmten Tag um Tag seiner irdischen Existenz.

Der Übel waren nämlich viele. Kneifende Hühneraugen machten sich vollfett breit in seinen immer zu eng gearbeiteten Schuhen, geschaffen von den zehndaumigen Händen unfähiger Schuhmacher. Dazu traten morastige Straßen, schmierige Kellner, wegspringende Kragenknöpfe, die Fatalität des Ehelebens. Der Qualm, der Lärm, der Dunst, die Hitze. Die unerhörte Grauenhaftigkeit gewisser Erscheinungen in der Welt der Männer- und Frauenmode. Die Blödisten von der Hutmacherzunft. Die Winterbeulen. Dann diese häßlichen Fratzen! Sie kamen ihm auf allen Wegen entgegen, mit wackelnden Nasen und flatternden Ohren. Da hob sich sein Hut vor Entsetzen wie von selbst zum automatischen Gruß. Während sie dort unten wieder wie wahnsinnig ihrem Drückgeschäft oblagen, die verhurten Hühneraugen! Diese Mafiosi, gegen die kein Schutzgeld half!

Armer Herr Vischer.

Der Mann mit dem einprägsamen Vau-Namen hat, wie Goethe, innerhalb der menschlichen Existenz »die ganze Stufenleiter vom Schreckbarsten bis zum Gemeinsten durchgeduldet«. Ja, der 1807 in Ludwigsburg geborene Philosoph, Essayist und Paulskirchenabgeordnete glich in seiner feuervollen Fähigkeit und beständigen Bereitschaft zum Ärgern ganz dem ollen Olympier, dessen derb verbalisierte Idiosynkrasien und Antipathien einem Maledictologen seines Schlages höchstes Entzücken abverlangen mußten. Bevor er 1887 starb, hatte er der Welt nicht nur ein Regal voll wissenschaftlicher Werke und den wuchtigen satirischen Roman »Auch Einer« samt der heute noch gebräuchlichen Wendung von der »Tücke des Objekts« geschenkt, sondern sogar einen dritten Teil des »Faust«. Ein gewaltiges Werk, anders als dem Goethe seines, aber schon auch echt gut. Auch die Wucht seiner lebenslang gepflegten Schimpfereien erreichte in vielen Bereichen das Maß der goetheschen Invektiven, ja übertraf sie sogar bei einigen speziellen Problematiken, die Goethe noch gar nicht bekannt sein konnten.

Goethe »dachte« eine Theorie des Mißmuts und der Unzufriedenheit nur »an« – der Professor arbeitete sie aus. Er entwarf ein harmonisches Bild des unharmonischen Weltalls, das von Teufeln regiert wird. An oberster Stelle der Höllenliste stand der Katarrh, der sein teuflisches Haarseil ganz unrechtmäßig, ja widersinnig durch den menschlichen Schlund zieht.

Wenn draußen der Winterwind eine Herde Bazillen vor sich her trieb, verbrachte Vischer seine Tage in der warmen Stube mit der Erfindung einer wunderlichen Religion, worin sich alles um den »verruchten Katarrh, den fatalen Pfnüssel, den höllischen Grippo« drehte und wendete: »Der Mensch mit seines Hauptes gewölbter Welt, mit dem strahlenden Auge, (...) der Mensch mit der Engelsgestalt des ewig Schönen im ahnenden, sehnenden Busen – ja, dieser Mensch wird vom Katarrh verwandelt in einen schleimigen Mollusken, zur klebrigen Auster erniedrigt, ein Magazin, ein Schandschlauch für vergärenden Drüsensaft, eine Schnäuzmaschine, im Hals ein zackig Kratzeisen, ein Nest von Teufeln, die mit feinen Nadeln nächtelang am Kehlkopf kitzeln, die Augen trübe, das Hirn dumpf, stumpf, verstört, der Nerv giftig gereizt und dabei erst nicht als Kranker geltend, noch geschont – – – und da soll es einen Gott geben – – –?«

O, der verfluchte Katarrh! Der bodenlos gemeine Drecksack stand für ihn außerhalb der menschlichen Gemeinschaft. Wenn er nur im Sinne des BGB straffähig gewesen wäre, Vischer hätte umgehend eine einstweilige Verfügung beim königlichen Amtsgericht Stuttgart erwirkt. Ein Todesurteil wäre mindestens fällig gewesen! Galt er doch sogar seinem Freund, dem Theologen David Friedrich Strauß, als »unleidlicher Prozeßkrämer«, der übelnahm, übelnahm, übelnahm…

Johann Wolfgang von Goethe hingegen war ganz nach des Professors Geschmack ausgefallen. Ihn hatte er sich lebenslang zu rückhaltloser Verehrung freigegeben. Beweise dafür liegen in reicher Anzahl vor.

So stand der Vollschwabe und »berühmteschte deutsche Äschthätiker« (O-Ton Vischer) seiner Zeit einmal im Hafen von Hamburg und war sinnierend in die Betrachtung der dümpelnden Schiffskolosse versunken, die hier festgemacht hatten. Besonders imponierte ihm »ein hölzerner Berg«, ein »stolzer Schwimmer«, den er im Geiste über den unermeßlichen Ozean sich bewegen sah, und schon regte sich das Reimweh in seinem Inneren, so etwa:

Ich sah ihn ringen mit Sturmes Wut,
Mit der grimmigen, schäumenden Wogenflut

Und ich sah hervor aus der schrecklichen Schlacht
Als Sieger ihn gehen in seiner Pracht.

Wie nun aber Vischer noch so dastand,

Da kam spielend auf grünlicher Welle,
Spazierenrutschend mit mäßiger Schnelle,
Sichtbarlich spottend jeglicher Schwere,
Eine baufällige, brüchige, leere
Zigarrenschachtel herangetänzelt,
leichtfertig zierlich herangeschwänzelt.

Was mag das Kistchen wohl bringen? Rauchwaren aus Übersee? Mitnichten! In wahnhafter Selbstüberschätzung entschließt es sich plötzlich zum Angriff auf den Riesen, läuft an und pufft dagegen:

Klipp, klapp, klapp, klipp,
Da hast du eins am Mammutsripp!

Wuppdich! Keine Versenkung zu verzeichnen! Noch einmal wagt es der freche hölzerne Tropf, und das ist das Ende vom Zigarrenschachtel-Lied:

Wuppdich! O weh!
Ade!
Zerschellt
Ist der flotte Held
Unbrauchbar selbst für Trödelkram und Schacher
Schwimmen die Splitter ringsumher.
Da fiel nun so von ungefähr
Mir Goethe ein und seine Widersacher.

Aha, das war also gar kein Zigarrenschächtelchen – das war in Wirklichkeit die über die Maßen radikaldoofe Gemeinschaft der Goethe-Feinde! Fassungslos stand Vischer vor der Widersachermeute, saugte zwei-, dreimal tief Luft in die

Tracheen, pumpte sich bedrohlich auf und sang, zum Schrecken der Gegner, mit Inbrunst seinen Goethe an:

Zu dir hab' ich von früher Jugend Tagen
Beglückt entzückt die Augen aufgeschlagen.
Nur Staunen kann uns Mittleren geziemen;
Auch nur zu lösen deiner Schuhe Riemen
Bin ich nicht wert. Vor Menschen beugt mein Knie
Sich nie,
Doch könnt' es je sich beugen,
Wie ich dich ehre, würd' es dir bezeugen.

Er war aber nicht nur ein »großer Beschwörer des Goetheschen Erbes«, sondern auch, als Träger eines blonden, leicht fuchsigen Bartes – ein Vorkämpfer des nationalen Bartgedankens. »In der Tat gehört ein Zwang, den Bart zu entfernen, zu den drückendsten Tyranneien der Mode, wenn nicht gar des Eingriffs der Regierungen«, schrieb er und ließ sich bei der Gestaltung des facialen Wildwuchses in keiner Weise dreinreden, »weil nach ewigen Grundrechten ein Mensch nicht verhindert werden soll, gewisse Unschönheiten des Profils durch den Bart zu verbergen: sehr zurückgeschobenes, kleines Kinn durch Kinnbart, sehr vorgeschobenen Unterkiefer durch Schnurrbart ohne Kinnbart; von dem großen Hauptprinzip zu schweigen, daß der Barbar die Natur ausrottet, der Gebildete sie bildet und pflegt. Schließlich aber ist freier Bartwuchs in gebildeten Zeiten immer Ausdruck eines Dranges, vom Konventionellen zur Natur zurückzukehren, und er entspricht dem Realismus und dem Zuge zum Naturwahren in der Wissenschaft und Kunst.« Freier Bart für freie Bürger!

Nie hat sich daher der Gestrenge auch nur ein Quentchen »Wachauf«, das Rasiermittel Seiner Majestät des Kaisers und wohl auch Ernst Jüngers, auf die stoppelige Backe geschmiert.

Goethe hingegen trug nur in den Wochen seiner Teilnahme an der französischen Campagne einen Bart und konnte insofern kaum mit Vischer mithalten, dieser es dafür aber beim Verfassen von gereimten Gedichten jederzeit mit dem Obermeister der Endsilbengleichklangsinnung aufnehmen. Goethe ehrte Rhythmus wie Reim, »wodurch Poesie erst zur Poesie wird«, ihm war das Finden von Reimen zeitlebens »holder Lustgebrauch«, ja, er entdeckte sogar, wie F. W. Bernstein schlüssig nachwies, den lange verschollenen Zwischenkieferreim. Unverdrossen reimte daher Johann Wolfgang »Macht« auf »Smaragd«, »neige« auf »Schmerzensreiche« oder »Koriandern« auf »Antichambern«. Und nicht umsonst notierte sein Gegner Börne sich ins Tagebuch: »Goethe ist der gereimte Knecht, Hegel der ungereimte.«

Kleiner und feiner Exkurs zur Ö-Bedichtung bei Göthe

Der Knecht gab den Ton vor, seine Losung für die Landsleute hieß: »Ob sich gleich auf deutsch nichts reimet, reimt der Deutsche dennoch fort.« Ein wahres Wort, das der Gefolgschaft Goethes jedoch keine Mahnung, eher ein Befehl war, jetzt erst recht alle Horizonte und Schleusen zu öffnen.

So streute sich der Minderdichter Wilhelm Neumann am 28. August 1825 eine Handvoll Stickstoffdünger auf den Kopf, goß großzügig an und legte sodann folgendes Zeugnis ab:

Göth'; aus deinen Liedern keimet
Uns're Dichtung Wort für Wort,
Und was immer du gereimet,
Pflanzt in unserm Sand sich fort.

Wohl gesetzt, Meister Neumann! Und ähnlich befeuert tönt's aus dem Biedermeier-Poeten Ludwig Eichrodt wilden Sangs heraus:

Wenn Klopstock anfeuernden Geists Dichtkünste emporschuf,
Lenkete, milderen Sangs, Altmeister Göthe die Reimwelt
in volkstümlich Geleis, deutschlebig für den Zuhörkreis.
Wie Waldhörnergetön et cetera, cetera, Hilf Gott!

Fraglich, ob der da noch was ausrichten kann. Kein Wunder, daß Karl Kraus müde aufseufzte: »Gedanklichen Reimspruchs engeres Bett hat ein für allemal er bereitet.« Zudem richtete Goethe das Augenmerk der Reimpoeten auch noch auf seinen eigenen liebwerten Namen. Beispielsweise lautet die erste Strophe seines Gedichts »Die Bekehrte«:

Bei dem Glanz der Abendröte
Ging ich still den Wald entlang,
Damon saß und blies die Flöte,
Daß es von den Felsen klang,
So la la!

Da fehlte ja praktisch nur noch ein Ö-Wort, um das So la la perfekt zu machen. Schwer nur konnte da die Deutsche Dichterskunst widerstehen: Abendröte, Flöte – ja Mensch! Das rief und schrie und grölte doch förmlich nur nach Thölke, quatsch: Göööthe!

Weidlich machte man sich die Steilpaßvorlage zunutze, um direkt aus dem Versstart heraus in die Championsleague der Reimkunst vorzustoßen. Ohne Scheu und Peinlichkeit läßt daher das vielgelesene »Allgemeine Deutsche Commersbuch« von 1925 eine Kröte zu einer Wassermaus sagen:

»Zum Genuß der Abendröthe
Geh ich heute abend spöte

Diesen steilen Berg hinan.«
Dies ist ein Gedicht von Göthe,
Das er eines Abends spöte –
Auf dem Sopha noch ersann.

Und abermals Ludwig Eichrodts »Große Literaturballade« pariert gekonnt und überhaupt recht geschickt:

Gegen Abend in der Abendröte
Wandelten der Schiller und der Goethe.

Alexander Moszkowski hingegen vermeidet in seiner »Neuesten Literaturballade« jede Abenddopplung und reimt voll und rein:

Wieder war es in der Abendröte
Als mit Schiller ging der große Goethe.

Was Ror Wolf ganz unbeeindruckt läßt; er hämmert die Verse ins offene Tor:

Fern in Sevilla, in der Abendröte,
ein Scherenschlag wie ein Gedicht von Goethe.

Georg Herwegh fällt auf »milde Abendröte« nur die Frage ein: »Was sollen uns noch Schiller oder Goethe?« Reinhard Umbach läßt dies kalt, er macht es umgekehrt: »Wozu gibt's die Morgenröte…?« fragt er und gibt zu verstehen: »Die Antwort ist Geheim… rat Goethe.«

August Wilhelm Schlegel variiert da weniger affektiert und reimt, wie im Bucheingang zu ersehen, auf »Goethen« abendrotverachtend »seines Geistes Morgenröten«. Und Friedrich Rückert stellt nach vollzogener »Divan«-Lektüre die Synthese her:

Abendröthen
Dienten Goethen

Freudig als dem Stern des Abendlandes.
Nun erhöhten
Morgenröthen
Herrlich ihn zum Herrn des Morgenlandes.

Auch im Ausland hat sich die Sache rumgesprochen. Eugene Ionesco, die kahle Sängerin, outet im gleichnamigen Stück vier der sechs Personen als Goethe-Verehrer, die wie traumverloren miteinander harmonieren:

Mr. Martin: Johann
Mr. Smith: Wolfgang
Mrs. Martin und Mrs. Smith: Goethe!
Mr. Martin: In
Mr. Smith: der
Mrs. Martin und Mrs. Smith: Morgenröte!

Kommen wir mal piccolo zur Flöte. Denn auch auf ihr ward Goethe tüchtig was geblasen: unsterbliche Verse in höchsten Tonlagen. Hoffmann von Fallersleben nutzt sie gar als Kriegstrompete gegen die romantische Poesie:

Ein politisch Lied, ein garstig Lied!
So dachten die Dichter mit Goethe'n
Und glaubten, sie hätten genug gethan,
Wenn sie könnten girren und flöten …

Von Nachtigallen nämlich und diesen Dingen.

Auch tanzte Frau Christiane Göte
voll Inbrunst nach des Meisters Flöte.

dichtete der hochversierte Goethemaler Hans Traxler, mehr in den Privatbereich eindringend. Und der reimemsige und leider schon wieder nicht zu bändigende Ludwig Eichrodt läßt sich die Flöte gleichfalls nicht entwinden:

O begreifet, daß der Freundschaft Flöte
Die Musik der Sphären weiterspinnt,
Daß man spricht von Schiller und von Göthe
Wo zwei Deutsche nur versammelt sind!

Von dem mit allen Traditionswässerchen gewaschenen Vollpoeten Peter Rühmkorf ist der schöne Volksmund überliefert:

Goethe sprach zu Schiller
Hol aus dem Arsch 'nen Triller
Schiller sprach zu Goethe
Mein Arsch ist keine Flöte.

– was wie die elaborierte Variation des von F. K. Waechter als »Volkstümlicher Denkmals-Entwurf« kongenial ins Strichwerk gesetzten Paarreims wirkt:

Goethe spielt Flöte
Auf Schiller sein' Piller.

»Der größte Teil des Werks von Hermann Hesse ist konventionell«, sagen manche Nichtwohlmeinenden, die wahrscheinlich die folgenden altersweisen Zeilen in der Fülle des Gesamtwerks übersehen haben:

Auch die Zähne gehen flöten,
und statt daß wir mit Entzücken
junge Mädchen an uns drücken,
lesen wir ein Buch von Goethen.

Kein Wunder jedenfalls, daß man in der Goethe-Forschung erregte Debatten führte über die Frage, ob nun auf »Goethe« öfter »Röte« oder »Flöte« geendreimt wurde. Rein quantitativ läßt sich dies nicht letztgültig entscheiden. Unter Flöte verzeichnet das »Allgemeine Deutsche Reimlexikon« von Peregrinus Syntax 31 Arten des Musikinstruments, von der Altflöte, der Gedacktflöte über die Süßflöte bis zur Zwerchflöte. Die Röte hingegen kommt nur 25 mal vor, als Abend-, Morgen-, Scharlach-, Vollmonds- und Zinnoberröthe etc., Blitz-, Donner- und sonstige Kröten stehen mit 12 Nennungen weit abgeschlagen auf dem dritten Platz, auf den vierten Rang verwiesen sind Koffer- oder Schlammschildkröten mit im ganzen acht Nachweisen. Kanonenböte und Speiseköthe laufen außer Konkurrenz, ebenso wie die wohl fast schon ausgestorbene Ufer- bzw. Wasserschnöte (Uferschnepfe).

Ein Außenseiter wie Theodor Fontane, der »Damöte« in Vorschlag brachte, fand mit Recht kein Gehör. Kein Mensch weiß mehr, wer oder was »Damöte« ist, nicht einmal wir.

Es trat auch niemand in die Fußstapfen der verwegenen Anna Luise Karschin, die in ihrem Begrüßungspoem »An Goethe« das Wort »Weiberetikett« für passend erachtete, um auf die Zeile »Schön' guten Morgen, Herr Doktor Goeth'!« zu folgen. Und das jugendlich beschwingte Kleinpoem von Eckhard Henscheid »Lethe, Lethe, Lethe, wann holst du endlich Goethe?« steht werweiß evtl. doch katexochen recht und schlecht enigmatisch-erratisch in der Landschaft – denn Lethe hat ihn ja keineswegs vergessen.

Einen eigenen Weg beschritt, wie so oft, Joseph Freiherr von Eichendorff mit seinem »Toast«, mit dem uns zum Troast sein Glas er erhebt:

Auf das Wohlsein der Poeten,
Die nicht schillern und goethen,
Durch die Welt in Luft und Nöten
Segelnd frisch auf eignen Böten!

Die letzte Zeile gelang freilich nur unter Aufbötung der letzten Reimreserven. Leicht angeekelt von denen diversen Bemühungen faßte Kurt Tucholsky 1931 anläßlich des heranrauschenden Goethejahres die ganze Chose leichter Hand zusammen:

Böte, Kröte, Nöte, Röte, Flöte…
wochenlang reimt alles sich auf Goethe.

Mit dem Reimen, wie man sieht, ist das nun mal so eine Sache. Tut sich was nicht reim', läßt man's besser bleim. Oder was meinen Sie, Herr Prof. Walter Jens? Der allzeit unbequeme Mahner ist auch kein rechter Reimaraner:

Derle Ahlers,
Otto Rohwedder,
Herbert Panse,
Kalli Mohr und
Hanno Maak…
Wenn ich den letzten Goethe-
Vers vergessen habe,
werde ich den Eimsbütteler Sturm
noch aufzählen können.

So dichtete der klapperdürre Erzrhetor im Vorgriff auf die poesiefeindliche postbeckmannsche »ran«-Ära. Egal.

Spätestens seit und vielleicht sogar mit Jens ist »das Niveau entsprechend gesunken« (Hnr. Lübke), und Goethe hat diese bedauerliche Entwicklung selbstverständlich schon wieder voll kraß vorausgeahnt:

Sag, wie kommst du zu dem Besen
Und, was schlimmer ist, zum Reim?

Wenn man aber noch einen Reimer vor dem Herrn finden will, kann oder soll, dann ist es wohl, und da naht auch schon das –

Ende des Exkurses –

Professor Friedrich Theodor Vischer! Aber warum reimte der Mann so viel, wo er doch einen anständigen Lehrberuf hatte? Nun, immer kann der Mensch nicht fernsehgucken oder sich mit Cees Noteboom das Hirn erweichen. Er muß auch mal Zeit für eigene Gedanken haben. Und die hatte Vischer.

Aber seine daraus erwachsene, gigantische »Ästhetik oder Wissenschaft des Schönen« in vier starkleibigen Bänden (den fünften, musikbezüglichen ließ er sich vom Kollegen Karl Köstlin anhängen) war schon veraltet und vertrocknet, als er den Schlußpunkt hinter den letzten Satz setzte. Das System ausgehöhlt, König Hegel entthront. Der ungnädige Kommentar des Literaturhistorikers Rudolf Krauß: »Die Einzwängung der Gedanken in die dialektische Methode Hegels, die Zweiteilung des Stoffes in lehrhafte Paragraphen und freie Erläuterungen, die namentlich in den ersteren herrschende, mit spröden Begriffen operierende Schulsprache erschweren sehr den Genuß des Werkes.«

Vischer selber, wahrlich kein ganz Dummer, prägte unmittelbar nach dem Abschluß seiner Forschungsarbeiten durchaus einsichtsvoll den Satz: »Die Ästhetik ist noch in den Anfängen.«

Gut so. Goethe hätte ihn dafür vielleicht auf die Stirne geküßt, denn am Kampftag der internationalen Arbeiterklasse des Jahres 1826 sprach er feierlich von seinem Lehnstuhl herab: »Nichts ist mir hohler und fataler wie ästhetische Theorien.« Dafür hatte er auch einen guten Grund: »Die Urteile der meisten Menschen sind doch nichts als Exkretionen ihrer ästhetischen Natur, Husten, Gähnen, Niesen pp.« Gesundheit!

Und wenn Vischer recht dazusah, na, dann hatte Goethe

doch glattweg und wieder mal recht. Nein, dieser Goethe! Drei bis vier Dinge im Gesamtkosmos ließ Vischer uneingeschränkt gelten: den Krieg von 1870/71, den er herab vom »Vaterlandshügel« (Hölderlin) ausgiebig besang; zünftige Schützenfeste, an denen er »feurigen Geistes« (Hölderlin) teilnahm; und eben Goethe als »geheimnißvollen Vertrauten des Weltgeistes«.

Doch ausgerechnet dem letzten Großprojekt, das der Urweise nur wenige Monate vor seinem Tod vollendet versiegelte, erteilte er eine radikale Absage: Faust II. Ein einziger Fuck, ein Mucke-, ja Motherfuck sogar! Senile Sprachschnörkelei von mickrigster Verschmockung. Total verzakkert und verzuckert. Schissimatucki. Ein schlechterdings nicht zu verklickernder Flitzkack. Jawohl!

Ganz zornesrot angesichts dieser »weltlichen Bibel der Deutschen« (Hei. Heine) schleuderte er Gott Goethe die Frage entgegen: »Warum erschufst du das?« Er fühlte sich genötigt und getrieben, er mußte dies tun, weil kein anderer als er, Friedrich Theodor Vischer, »die alle überragende Autorität in Sachen Faust im zweiten Drittel des 19. Jahrhunderts« war. Aus diesem Grunde, und weil er den ersten so liebte, wurde er »der erbittertste Gegner des zweiten Teils« und hat »durch seinen bis ins hohe Alter mit neurotischer Beharrlichkeit fortgesetzten Kampf viele Zeitgenossen maßgeblich beeinflußt«, wie der Goethe-Experte Karl Mandelkow kundtut. Vischer ging es darum, das »frostige, allegorische, didaktische, totgeborene Kind einer welken Phantasie« den Abfluß hinunterzuspülen.

Andere taten da fleißig mit. Friedrich Hebbel bezeichnete der Tragödie zweiten Teil als ein »wunderliches Gefäß, worin Goethe seine geistige Nothdurft verrichtete«, und Gottfried Benn bemerkte, als er in den Topf hineinblickte, »göttliche Schrulligkeiten«. Sogar der unbestechliche Reichsbankchef Dr. Hjalmar Schacht schüttelte den Kopf und fragte: »Wie konnte nur ein Mann mit so kurzen Beinen den Faust schreiben?«

Ihr Mentor Vischer aber übertraf sie alle. Für ihn blieb's dabei: Faust II war »ein einziger Murks mit schreienden Fehlern«, ein »mechanisches Produkt«, »gemacht«, »fabriziert«, »geschustert«, ja überhaupt der Ort, wo

die Idee sich gipfelt,
wo das I sich tüpfelt,
wo der Weltbaum wipfelt,
wo die Weltwurst zipfelt

und »auf Schritt und Tritt ins Absurde tappt«. Vischer hätte es freilich anders gehandhabt, wäre er nur der Weltwurstmacher gewesen. Aber was heißt wäre! Flugs nimmt Vischer den Fausthandschuh auf, wurschtelt ihn durch die eigene Verreimungsmaschinerie und scheidet im Jahre 1862 unter dem Pseudonym »Deutobold Symbolizetti Allegorowitsch« sein Reimwerk »Faust, der Tragödie dritter Teil« aus, hemmungslos klamaukisierend, hyperbolisch persiflierend, triebhaft jeder »ernsthaften Behandlung« des »Trödelkrams« aus dem Wege gehend, um in der schrecklichen Folge allen »Allegorietüfteleien« endgültig den Garaus zu machen. Ein für allemal.

Das alles, wohlgemerkt, in gereimter Form. Was ihm nicht schwerfiel, denn er fand in des Dramas zweitem Teile

Fast keinen Satz, fast keine Zeile,
Die nicht curios, nicht manierirt,
So daß es mir im Kopfe rädelt, surrt,
Summt, kitzelt, krabbelt, schwirrt und schnurrt;
Ich kann nicht anders, muß, so oft ich's lese,
Als wenn ein Kobold im Genick mir säße,
Muß in dem Tone weiter basteln, reimen,
Muß drehen, schnitzeln, schnipfeln, leimen.

Als er mit Schnitz und Schnipfel fertig war, nannte Vischer, der es ja wissen mußte, sein opus operatum »ein phantastisches Produkt des übersprudelnden Humors«, das seinen »Zweck in sich selber hat«.

Den nämlich, »die außerhalb seiner selbst liegende Tendenz, die Allegorie des zweiten Teils im dritten aufzulösen, wie die Gestalt aus dem mütterlichen Abgrund in eine übelriechende Brühe zerfließt«. Damit wollte er »das Allegorium, Bildungs-Doctorium, Seelen-Ciborium, Urbegriffs-Repetorium so über alles Emporium hinaus treiben, daß den Exegeten und Masoreten, den Scholiasten und Interpreten der Athem ausgehen, daß keiner mehr Lust bekommen soll, sein Eichorium hinein zu werfen«.

Natürlich ging es in diesem dritten aller Teile auch der Goethe-»Pfiffologie« bzw. Philologie, den »rasenden Trabantengöckeln« dieser Zunft an den Kragen. »Stoffhuber« nannte er die Düntzer-Karawane, die in Richtung Zettelwüste zog, »Sinnhuber« dagegen die Deuter-Sippschaft, die etwa in dem armen Pudel die »personificirte Sinnlichkeit, den niederen, das Geistige störenden Trieb« erkennen wollte. Alle zusammen waren sie ihm »Fexe«, »Dackel«, »Lackel«, »dünnbeinige Grillengeiger«, »verhockte Muckenseiger«, »Perükken und Hatzeln, Rohrspatzen und Atzeln« usw. usf. ect. pp.

Die Sinn- und Stoffhuber scherten sich freilich keinen Deut darum, Vischer klopfte sich trotzdem auf die Schulter, daß es staubte: »Und ich lebe des Glaubens, daß er im Elysium mir dankt; denn Goethe im Elysium ist der verjüngte, der wahre Goethe, nicht der Allegorientrödler und Geheimnistüftler von 70-80 Jahren.«

Dabei hatte der es vielleicht so ernst gar nicht gemeint. In »lieblichster Schalkheit« sagte er Ende September 1829 zu Luise Löw von und zu Steinfurt: »Ja, man muß es wohl einem alten Mann verzeihen, wenn er sich manchmal so einen kleinen Scherz erlaubt.«

Was soll's, Vischers Witz war halt ein langer und ein großer, ein Riesenwitz, ein Galimathias mit beängstigendem Drang zur verbissenen Kathederbuffonnerie. Aber bei aller fleißiger Parodiererei – auf »Goethe« fiel ihm reimmäßig auch nicht viel ein: die schon bekannte »Morgenröthe«, das neumodische Verb »löthe« und das unreine Wort »blöde«.

Wie öde.

Wilhelm Bölsche
oder Goethe als Fisch und Madonna

> Man denke sich nur Goethes »Faust« herausgenommen aus dem Lebensgesetz dieser Kultur: es wäre, wie wenn der Mexikaner einem Opfer das Herz ausschnitte.
>
> *Wilhelm Bölsche, Die Abstammung der Kunst*

Folget mir nach, ihr künftigen Reformtrachtträger, mit uns zieht die Goethezeit! Ihr von der Sittlichkeit der Nacktheit Überzeugten, ihr Nackturner, ihr Nackt- bzw. Nichtraucher, ihr Vegetarier, Rohköstler und Antialkoholiker! Macht euch auf, alle, die ihr ins volle Menschenleben greifen wollt! Sattelt die Gesundheitstreter, auf geht's, vorbei an grauer Städte Mauern! Im Frühtau zu Goethe wir ziehn, fallera!

So mochte Wilhelm Bölsche wohl manches Mal geschrien haben, wenn draußen die Nation sich stolz erhob und innen drin ihm danach war. Hurtig, hurtig, Zeit war keine zu verlieren: »Noch sind Leute bei uns, die ihn gekannt haben«, trieb er die Meute goethewärts an, denn seht!, sogar »der Stuhl, auf dem er gestorben ist, steht noch an seinem Platze!«

»Kein Geringerer als unser Goethe« sollte, ja durfte und mußte es also sein. All die »wunderbaren Wege der Weltregie« führten doch praktisch direktemang zu diesem allwissenden, ja »uraltallweisen Busenfreund« von Mutter Natur.

Was der alles wußte! Und was wir alles von dem wissen! Vor allem darüber war Bölsche begeistert: »Es gibt schon jetzt keinen zweiten Menschen in der gesamten Weltgeschichte, von dem wir auch nur annähernd soviel wüßten, wie von Goethe. Diese Razzia in das Gesamtdasein eines Einzelnen ist aber in Wahrheit nichts anderes, als zugleich eine Tiefsee-Expedition gleichsam in den Menschengeist als solchen, ins allumfassende Menschheitsindividuum.« Saufen wir also ab und begeben uns auf Tauchstation ins Menschheitsindividuum Bölsche.

Seinen größten goethebezüglichen Auftritt hatte der 1862 in Köln geborene Schriftsteller, Essayist und Mehrfachbuchautor »in den letzten Tagen des August 1899 in Frankfurt am Main«, wo allselbst »die große Feier zu Goethes hundertfünfzigstem Geburtstage« stattfand. Grenzenlos war an diesem hohen Tage die nationale Ergriffenheit, und es stimmt Bölsche sehr feierlich, »daß der politischen Parteien Sturm und Hader sich vor dem Bilde Goethes auf eine Woche selber Waffenstillstand geboten hatte«.

So konnte die Fete steigen. »Es war ein schönes Fest«, gesteht Bölsche, eine Feier »in monumentalem Stil, allen Beteiligten eine gute Erinnerung«. Schon alleine deswegen, weil der vielbeschäftigte Werksausleger Bölsche dort seinen gewaltigen Vortrag »Goethe und das 20. Jahrhundert« halten konnte.

So brachte er sich selbst samt Bart in Positur, rechnete noch einmal alles durch (1899 - 1749 = 150) und hub erstaunlicherweise an: »Goethe ist der letzte, neueste Riese, der vor hundert Jahren die ungeheure Weltkugel der Gedankenmenschheit auf die Schulter genommen hat und der sie bis heute sichtbar vor unseren Augen trägt, – nicht trägt, weil er irgendwie ein mystischer Übermensch war, sondern weil das Überindividuelle, das wirklich ›Menschliche‹ im umfassenden Sinne für uns heute schon in ihm steckt.« Ist das auch ganz sicher, daß Goethe die Gedankenmenschheitskugel erst mit 50 geschultert hat? Oder war das Redemanuskript vielleicht schon 50 Jahre alt? Oder hat Bölsche nur eine kleine rechnerische Dummheit begangen?

Aber pssst! »Es scheint eine tiefe Ecke im Bewußtsein der Kulturmenschheit zu geben, die sich für Goethe über jede Errungenschaft freut, die sich vor Goethe bei jeder großen Dummheit schämt.« Aha, er schämt sich also ob des Rechenfehlers. Ob der wohl der Ecke in Bölsches Zahlenbewußtsein geschuldet ist?

Keine Ahnung, denn Bölsche lenkt ab und blickt in den Rückspiegel: »Goethe ist für unseren Rückblick der erste feste Punkt, wo die geistigen Bäume der Menschheit zusammenlaufen.« Wahrscheinlich, um die Hände überm Kopf zusammenzuschlagen, so sie denn welche hätten. Nun aber wird Bölsche endlich sachlich: In der »allgemeinen Entwickelung«, führt er aus, habe es eindeutig »eine Steigerung vom Nebelfleck zu Goethe zu« gegeben. Goethe sei somit nicht nur »Prometheus«, sondern auch der »Pithecantropus von Java«, freilich auch »Buddha, Demokrit, Phidias, Christus, Michelangelo, Galilei, Shakespeare« und eben auch: »Goethe«. Ein Mann von Welt in vielerlei Gestalt.

So verstehen wir – d. h. wir nicht, aber Bölsche wohl schon – die goethesche »Weltentwickelung« im bölscheschen Sinne als »kosmische Steigerungswelle«, will sagen: Goethe, der »Induktionsoptimist«, war ausgezogen, »um in der Zelle der verstandesschärfsten Wissenschaft sich das Siegfriedsschwert zu schmieden, mit dem er schließlich wieder die Welt als große erlösende Dichtung erfocht«. Genau. Ein Schuft, wer Bölsches dabei denkt. Oder überhaupt nur irgendwas.

Und wer da nun mäkelt, das klinge alles ein wenig verworren und konfus, dem sei gesagt: Vielleicht! Dafür kommt es aber von Herzen und obendrein noch reichlich. »Eine Unmasse habe ich geschrieben, ich bin stets mein eifrigster Mitarbeiter gewesen«, bekannte Bölsche freimütig und bot für eine Handvoll Reichsmark sämtliche Wunder der Neuzeit aus, nebst gemeinverständlicher Erklärung derselben.

In Myriaden von Artikeln und Aufsätzen für Garten- und andere Lauben befaßte er sich mit Fragen wie dem »Adel des Kinns bei den Menschenfressern von Krapina«, behandelte »Die größte Suppenfrage der Natur«, schnitt »Die grün geringelte Animierwurst« auf, entwickelte eine »Philosophie des Fahrrads«, griff in den »Streit um die Haut des Riesenfaultiers« ein, malte den »Waldrapp, ein verschollenes deutsches Tier« nach, gab nachhaltig Aufschluß »Über den rätselhafen Insektenschwarm im Hermann-Johanna-Heim zu Schreiberhau« und handelte nicht zuletzt auch »Das Nilpferd in Vergangenheit, Gegenwart und Zukunft« ab. Ein für allemal.

Aber bitte mit Sahne! mag manch einer rufen, für den bis hierhin noch nichts dabei war, und auch dieser soll zu seinem Rechte kommen, denn selbstverständlich ist Friedrich Bölsche auch der weltweit einzige Autor, der bislang eine »Naturgeschichte der Schlagsahne« vorlegte.

Was lag da eigentlich näher, als sich auch einmal recht eingehend mit Goethe zu befassen? Nun, wenn Sie uns so fragen, dann müssen wir – –

Ach was, es erwies sich sogar als zwingend notwendig! Zumal Goethe ja direkter Vorläufer von Charles Darwin und dessen von ihm erfundenen Darwinismus war, beziehungsweise, wenn man es anders sieht, und dagegen spricht ja nun nichts, auch von Bölsches Lehrer, dem Professor Ernst Haeckel mit seiner weltvereinheitlichenden Lehre vom Monismus.

Bzw. von Wilhelm Bölsche selbst, dem »poetischen Materialisten im Samtjackett«, wie ein Kritiker ihn nannte. Und voll daneben lag. »Bin in reifen Jahren nie Materialist gewesen. Habe immer an Sinn, Ganzheit, geistige Grundprinzipien in der Natur geglaubt«, lautete Bölsches energisches Dementi. Samtjackett stimmte aber, Poesie natürlich auch. Und Geist und Sinn waren übergenug vorhanden. In Bölsche und in Goethe sowieso.

Obendrein war Bölsche mit einem ebenso Gewaltigen lebenslänglich befreundet: mit Gerhart Hauptmann, dem bekanntesten Goethe-Klon der Neuzeit. Sah aus wie Goethe, soff wie Goethe, sumste wie Goethe. Nur seine Augen waren »ganz ungoethesch«, wie Thomas Mann nicht umhin konnte festzustellen; allerdings erst, als Hauptmann über seinem Wohnhaus die Hakenkreuzfahne flattern ließ.

Aber Bölsche: Sein großer Erfolgstitel war »Die Mittagsgöttin. Ein Roman aus dem Geisteskampfe der Gegenwart«, ein drei dicke Schinken umfassender Koloß, 900 Seiten dick und fett und verschwenderisch ausgestattet mit den stimmungsvollsten Naturschilderungen. Sein ganz großer Roman »Sternenfriede«, mit welchem er sein »idealistisch-panpsychistisches Weltbild« in unzähligen Bänden darstellen wollte, »wurde über der Tagesschreiberei nicht Wirklichkeit«, wie der Bölsche-Forscher Fritz Bolle vielleicht sogar ehrlich bedauernd mitteilt.

Wer erhöbe sich aber nicht vor Staunen aus dem bequemen Fernsehsessel, wenn ihm mitgeteilt würde, daß Bölsche es war, der im Jahre 1904 die lange Reihe der legendären »Kosmos«-Bändchen eröffnete (mit dem Titel »Die Abstammung des Menschen«), dem noch viele, viele folgen sollten. Und schließlich konnte der Sohn des Journalisten Carl Bölsche, welcher begeistert über Nordpolexpeditionen und Amerikareisen geschrieben und an der Gründung des Kölner Zoos großen Anteil hatte, schon »als Dreikäsehoch alle (!) Tiernamen nennen«, wie er 1879 in dem vielbeachteten Aufsatz »Die Überschwemmung im zoologischen Garten zu Köln« darlegte.

Goethe hatte, das wurde Bölsche eines x-beliebigen Tages plötzlich bewußt, ebenso wie von »Buddha, Homer, Sokrates«, durchaus irgend etwas von – »Christus«. Wir alle nämlich, seien wir mal ehrlich, bemerken doch »ein inneres Fortarbeiten von Goethes Gedankentat, als müßten wir ihm im nächsten Augenblick noch selber begegnen, als unterliege er bloß einem zufälligen Zauber, der ihn unsichtbar macht«. Ja, genau so ist es: Jesus lebt, Goethe lebt und Bölsche ist auch schon ganz schlecht. Oder eher uns? Nix da, denn jetzt »begreifen wir etwas von jener Stimmung der Jünger von Emmaus, die ein schlichter fremder Mann ins Gespräch zieht und denen es im Moment, da sie seine Stimme nicht mehr hören, wie ein Ruck durch die Seele geht: ›Das war ja Er!‹« Johann Wolfgang von Jesus, der Menschensohn Goethe!

Verkürzt gefaßt hieße das also: »Dieser Fisch, diese Eintagsfliege ist Christus, ist Goethe, ist Rafael. Ist das Evangelium, ist Madonna. Ist die Menschenliebe, der Sternenraum, die Kunst.«

Der Literaturgeschichtler Dr. Walter Bläsing schrieb 1921, da war Bölsches Stern schon am Absacken, über den originellen Goethetier-Forscher: »Ein eifriger Sammler von Natureindrücken, gelangte er zu einem reichhaltigen Brevier von brauchbaren und interessanten Kleinigkeiten, aus dem seine liebenswürdige Produktion Nahrung fand.«

Hier irrt allerdings Dr. Bläsing. Kleinigkeiten – das ist ja wohl totaler Unfug! Man denke hier nur an Bölsches gewaltiges Hauptwerk »Das Liebesleben in der Natur«, in dem er mit höchster Dezenz und impressionistischer Einfühlsamkeit auf 1169 Seiten das Sexualgebaren der Bandwürmer, die Onanierwut von Kamelhengsten und die akrobatische Vögelschau der Grasmücken von Kreatur zu Kreatur intensiv nacherlebte.

Zwar hatte Bölsche ein nimmermüdes Schreibhändchen, mit dem er fleißig das pralle Euter der geheiligten »Weltsubstanz« ausmolk, allzuviel Fußnotenkäse fabrizierte er dabei jedoch nicht, und ein angehängter »Apparat« gar war völlig undenkbar. Schwungvoll widmete er sich als bramarbasierender Causeur den Dingen an sich und generell, glossierte, erörterte, beobachtete, erwog und lieferte überhaupt »zwanglose Meditation, leichtflüßige Untersuchung, gleitende Betrachtung, kurz ein blödes Geschwätz« (Egon Friedell).

Fußnotenamputiert und das freie Assoziationsbesteck immer griffbereit, gerierte Bölsche sich als direkter Antipode zu seinem Kölner Kollegen Heinrich Düntzer, dem Hauptvertreter der philological correctness. In seiner großzügigen Art war Bölsche indes durchaus überzeugt, daß die Goethe-Philologie auch recht hatte, halt nur »in ihrer Art«; denn »jeder kleinste Schritt, um den wir diesen Menschen heller machen, ist ein Zeugnis mehr für das wachsende Lichtfeld in uns selbst«. Ein »dünkelhaftes Spezialistentum«, das »unablässig schulmeistert«, kam ihm nicht in die Tüte, in der er ordentlich die jungen Maikäfer brummen ließ und manchmal auch den alten Goethe.

Hei, da geriet die Damenwelt in Verzückung! Zum Beispiel weiß es Bertha von Suttner in ihren »Lebenserinnerungen« noch ganz genau, »wie wenn es heut« gewesen wäre: »Er führte uns in die Hallen der Naturwunder, weihte uns ein in die Mysterien der Universumspracht. Oft geschah es, wenn das Gelesene uns eine neue Offenbarung brachte, daß wir im Lesen innehielten, um einen stummen Händedruck zu tauschen.« Feuchtwarm vor Ergriffenheit, wie sich wohl versteht, wozu das Autoräußere noch sein Teil beitrug.

Bölsches literarischer Weggenosse, der Naturalist Heinrich Hart berichtet darüber: »Nationalliberal war seine äußere Erscheinung. Es ist nicht leicht, den Forscher und Philosophen von heute mit der Fülle von Haupt- und Barthaar in dem geschniegelten Jüngling von damals, der flott und patent wie ein Korpsstudent einherschritt, wiederzufinden. Will man ihn unter irgendwelche -isten rechnen, so müßte man ihn einen Goetheisten nennen. Nichts ist ihm fremd, er begreift den Mystiker wie den Positiven, aber ein erdfester, gesunder Realismus, verschmolzen mit lebensfrischem Humor, bildet doch den Kern seines Wesens.«

Wenn Goethe nicht schon tot gewesen wäre, hätte doch recht eigentlich Bölsche Goethe sein können. Oder andersrum: Wenn Goethe Bölsche gekannt hätte, gewiß hätte er er sein mögen statt seiner. Oder: Wenn Bölsche nicht Bölsche gewesen wäre, er wäre glattweg Goethe geworden. Ohne weiteres. Das war jedenfalls die Meinung seiner Spezerln vom »Friedrichshagener Dichterkreis«, die allerdings das gleiche auch von den anderen Kreisdichtern und vor allem von sich selber dachten. In trauter Runde gründeten sie am 17. Februar 1900 nicht etwa den Ralph-Giordano-, sondern den »Giordano-Bruno-Bund«. Mit mystisch-pantheistisch vereinten Kräften strebte man eine »einheitliche Weltanschauung« an, die gleichermaßen von Wissenschaft, Philosophie, Kunst und, last but not least, von »Andacht« beflügelt sein sollte. Dieselbe war nämlich sehr nötig in einer Zeit aufbrechender »Klüfte«, denen man nur beikommen konnte, wenn Gott und die Welt, »das Ewige und das Endliche« wieder irgendwie zusammenklambüsert wurden.

Die Sturmfahne freilich trug Wilhelm Bölsche; aber auch Bruno Wille, der Autor der »Offenbarungen des Wacholderbaums. Roman eines Allsehers« tat kräftig mit. Der Naturalist Julius Hart war dabei, mit seinem Werk »Der neue Gott«, das auf »ein drittes Reich« hinwies, »das Reich eines harmonischen, versöhnenden, die Zwiespälte des Daseins überwindenden, ewig still fortschreitenden Menschen«. Da konnte auch sein Bruder Heinrich Hart nicht fehlen, obwohl er von seinem auf 24 Bände angelegten Großepos »Das Lied der Menschheit« nur klägliche drei abgeliefert hatte. Ferner sprang ein gewisser Wolfgang Kirchbach mittenmang herum, seines Zeichens Dramatiker und Rezensent sämtlicher Werke der Versammelten, und der Godfather Ernst Haeckel seiberte wie immer Monistisches über die »Welträtsel« auf das blütenweiße Tischtuch der Literaturkreisgemeinschaft.

Kurzzeitig schob auch der junge Rudolf Steiner ein Astralbein in die Tür, während der Restleib noch titanisch mit den Erkenntnisrätseln höherer Welten rang. Er stellte Fragen wie »Was bedeutet Goethes Versuch, aus Quarzkiesel unter Beimischung von Alkali Kieselsaft zu erzeugen?« in den Raum, die er dann zum Ergötzen aller auch sofort stundenlang beantwortete.

Wie Bölsche war nämlich der damals noch spitzbärtige Steiner zutiefst wesensinnerlich mit dem Weltgeist von Weimar verbunden. Er hatte das Glück gehabt, in Wien an der Technischen Hochschule den Germanisten Karl Julius Schröer kennen- und liebenzulernen, was vor allem im kalten Wiener Kontinentalwinterklima von großem Nutzen war: »Ich erwarmte geistig, wenn ich bei ihm war«, teilt Steiner mit, »ich hatte wirklich immer, wenn ich so allein mit Schröer saß, das Gefühl, daß noch ein Dritter anwesend war: Goethes Geist. Denn Schröer lebte so stark in Goethes Wesen und Werken, daß er bei jeder Empfindung oder Idee, die in seiner Seele auftraten, sich gefühlsmäßig die Frage vorlegte: Würde Goethe so empfunden oder gedacht haben?« Schröer vermittelte Steiner 1890 nach Weimar, wo er sich solange vor dem Schiller-Goethe-Denkmal aufstellte, bis ihm eine Gesichtsmatratze gewachsen war, die zumindest für ein Kinderbett gereicht hätte.

Später half Steiner den in Weimar versammelten Goethe-Gelehrten bei der Erstellung der Großen Weimarer Sophien-Ausgabe und legte noch später den Grundstein für das erste »Goetheanum« in Dornach; es diente als »Mittelpunkt der Allgemeinen Anthroposophischen Gesellschaft als Weltgesellschaft«. Steiner hielt 6000 Vorträge und lieferte damit immense Mengen Spucke für den Speis, aber das nützte nichts – eine sehr böswillig geartete Frau, Mathilde Ludendorff, die Chefin des Ludendorff-Bundes, fackelte das Häuschen eigenhändig in der Nacht des Jahres 1922 bis auf die Fundamente ab. Warum? Sie saß mit ihrem Gatten Erich unmittelbar »am Heiligen Quell Deutscher Kraft« und war Goethe nicht gut gesonnen, weil sie herausgefunden hatte, daß der in jüdischem Solde stehende Hochgradlogenbruder J. W. G. im Auftrag von Herzog Carl August den urdeutschen Dichter Friedrich Schiller klammheimlich mit einem Quantum Gift unter die Erde gebracht hatte. Erst Joseph Goebbels rehabilierte den Arbeiter der Stirne und des Faust, indem er 1936 alle »Erörterungen« über Schillers Tod untersagte und die Broschüre »Der ungesühnte Frevel« der Mathilde Ludendorff beschlagnahmen und einstampfen ließ.

So viel zu – äh, wohin sind wir eigentlich geraten?

Kein Problem, Bölsche weist den Weg. Und fordert daher, Goethe solle »einwachsen und auferstehen in jedem von uns«, mit anderen Worten: »Jeder soll werden wie er.«

Wer aber nicht Johann Wolfgang von Goethe werden mag, kann ja Wilhelm Bölsche werden. Vielleicht auch beides. Möge wenigstens dieser Vorgang zu allseitiger Zufriedenheit noch vor Ablauf des Goethejahres 1999 vollzogen sein.

Amen.

Walter Ulbricht
oder Die Gipfel der Kultur erstürmen

Öffnet die Koffers. Ihr habt doch nicht Kontrebandes geladen?

Goethe, Xenien

Im volkseigenen DDR-Fernsehen kam es im Jahre 1957 zu einer denkwürdigen Begegnung und Veranstaltung. Der 1. Sekretär der Sozialistischen Einheitspartei Deutschlands und 1. stellv. Vorsitzende des Ministerrates, Walter Ulbricht, ließ sich vor summenden Kameras von jungen Menschen befragen, stand Rede und Antwort und nahm sogar Stellung zur Herkunft seines Bartes:

»Wißt ihr, mit diesem Bart ist das eine ganz eigenartige Sache. Ich war früher auch so glatt rasiert wie ihr«, berichtet er ohne falsche Scham den gebannt lauschenden Milchbärten und erzählt von der Zeit, da die Faschisten in Deutschland das Sagen hatten und der engste Kampfgefährte Ernst Thälmanns sich gezwungen sah, sein Gesichtsäußeres zu verändern – und sich zur Tarnung einen spitzen Bart zuzulegen. »Dieser Bart wurde sozusagen im illegalen Kampf geboren.«

Ein nobles Teil also, mit dem zwar sein Leib behaftet, seine Seele aber nicht verwachsen war, denn vor den Augen und Ohren der Weltöffentlichkeit legte er das Bekenntnis ab: »Ich werde den Bart bestimmt wegrasieren, wenn das friedliebende Volk auch in Westdeutschland gesiegt hat und ein friedliebendes, demokratisches Deutschland geschmiedet wird.« Dazu sollte es aber so schnell nicht kommen, denn »die große nationale und humanistische Idee Goethes wurde in Westdeutschland durch die imperialistische Politik und die amerikanische Lebensweise verschüttet«, wie der fistelstimmgewaltige Bartträger ganz richtig analysierte.

Auch wenn das kaum glaublich scheint: Der panisch gefürchtete und zugleich abgöttisch geliebte Walter Ulbricht kümmerte sich nicht ausschließlich um Kaninchenzüchterbrigaden, Plasteproduktionskennziffern, Kaderkalamitäten und die Purifizierung der Partei, sondern auch um – die Poesie. Unter die Klassiker rechnete er nicht nur Karl Heinrich, Friedrich, Wladimir Iljitsch und Joseph Wissarionowitsch, sondern auch und gerade Johann Wolfgang. »Seine Kritik wirkte wie eine Säge«, sägte, äh, sagte einst Herbert Wehner über den ausgefuchsten Arbeiterfunktionär, aber an Goethe hatte selbst der Säger kaum etwas auszusetzen.

Ulbricht war der Sohn eines Flickschneiders mit Bürsten-Schnurrbart, der jeden Sonntag mit seiner Familie ins Grüne zog, gerne zwei über den Durst trank und dann ordentlich randalierte, der mit Verve gegen die Enge des Ehelebens, den Kaiser, die Kirche und die Konzentration des Kapitals protestierte, die ihn zu entfremdeter Heimarbeit für Konfektionsfirmen zwang. Auf dem Grabstein seiner herzensguten Eltern ließ der dankbare Ulbricht 1945, gleich nach der Rückkehr aus der Sowjetunion, daher die Goethezeile anbringen: »Edel sei der Mensch, hilfreich und gut.«

Hildegard Ulbricht, die Schwester, meldet 1961 der damals noch nicht ganz so verkommenen Familienillustrierten »Stern« aus der gemeinsamen Kindheit: »Wir waren alle sehr strebsam. Wir haben als Kinder enorm gearbeitet für die Schule. Bei uns zu Hause wurde nie Schund gelesen, niemals. Nur die Werke unserer Klassiker, nur das wahrhaft Edle und Gute haben wir gelesen.«

Aber nicht nur das Goethe-Lesen bringt das Arbeiterschwänzchen in die Höh', auch im Sport war Goethe stets ein flutlichthell leuchtendes Vorbild.

Der edle und gute Alleskönner betrieb seit seiner Jugend mit wahrer Meisterschaft zahlreiche Sportarten: Tanzen, Fechten, Schlittschuhlaufen und Schlittenfahren, das Wandern in Tal- und Höhenlagen, das Hochdichten und Weitreimen, das Bergsteigen, das Reiten und das Schwimmen, und noch in hohem Alter wurde er Mitglied der Weimarer Stahlarmbrustschützengesellschaft. Ja, der gute alte Sack von Weimar war sich nicht einmal zu schade, auch an Schneeballschlachten teilzunehmen! So berichtet die Köchin des Jenaer Verlegers Frommann aus dem Winter 1807, wie sie zufällig einige Herren, Teilnehmer einer heiteren Gesellschaft, bei der auch Goethe zugegen war, belauschte. Man hatte sich verabredet, den Dichter, wenn er weggehe, mit Schneebällen zu begrüßen. Schnell eilte die Köchin in den Garten und formte flink »eine Schürze voll guter Schneebälle«. Sie trifft Goethe auf der Treppe und überredet ihn, sich die Schürze vorzubinden. Die Herren draußen, in der Erwartung, Goethe wehrlos zu überfallen, wurden nun ihrerseits von dem rüstigen und seinerseits »reichlich mit Munition« versehenen Goethe in die Flucht geschlagen. Der Köchin gab Goethe, obwohl ansonsten ein rechter Geizhals, bei nächster Gelegenheit »ein reichliches Trinkgeld«.

Nun, Walter Ulbricht war zwar im Gegensatz zu Goethe zu dick, um sich eine Schürze mit Schneebällen umbinden zu können, dafür hatte er aber, ebenso wie Goethe, nie im Leben Zeit, Skat zu lernen. Denn Goethe mußte dichten und trachten, Ulbricht aber, wie er sagte, »die Revolution vorbereiten«.

Wenigstens gehörte Ulbricht schon seit früher Jugend dem gefürchteten Arbeiterturnverein »Eiche« an. Einer seiner Vorturner, Oskar Zimmermann, berichtet: »Mit Feuereifer war er bei der Sache, jederzeit kam er pünktlich zur Turnstunde, immer war er bereit, wenn es galt, die Turngeräte aufzubauen oder wegzuschaffen. Mit Geschick stand er seinen Mann an jedem Gerät. Besonders hatte es ihm der Barren angetan. Das Barrenturnen wurde ihm neben dem Springen über den hohen Bock zur liebsten Beschäftigung.«

Was hätte Goethe für eine Freude an einem Staatsratsvorsitzenden gehabt, dem es so wunderbar leichtfiel, allezeit Vorbild für die werktätigen Massen zu sein. 1958 verkündete Ulbricht die »Zehn Gebote der sozialistischen Moral« und verpflichtete »unsere Menschen« auf »gute Taten für den Sozialismus«, die »Verbesserung der Leistungen und Festigung der Arbeitsdisziplin«, den »Kampf gegen Nikotin und Alkohol«, ein »sauberes und anständiges Leben« sowie die »Achtung der Familie«. Ganz zentral stand für Ulbricht der Punkt: »Das klassische Erbe pflegen und Goethe und Schiller als Schrittmacher des Sozialismus feiern!«

Endlich war nun in Walter Ulbricht der ersehnte dritte Mann gefunden, der zusammen mit dem Weimarer Dioskurenpaar dem neuen Deutschland entgegenschritt und, mitgerissen vom eigenen Schwung, sogar unerschrocken zum Kritiker der eigenen Politik wurde; endlich ein Mann, der das Problem der DDR-immanenten Mangelwirtschaft klar erkannte: »Eigentlich fehlt noch ein dritter Teil des ›Faust‹. Goethe hat ihn nicht schreiben können, weil die Zeit dafür noch nicht reif war. Erst weit über hundert Jahre, nachdem Goethe die Feder für immer aus der Hand legen mußte, haben die Arbeiter und Bauern, die Angestellten und Handwerker, die Wissenschaftler und Techniker, haben alle Werktätigen der Deutschen Demokratischen Republik begonnen, diesen dritten Teil des ›Faust‹ mit ihrer Arbeit, mit ihrem Kampf für Frieden und Sozialismus zu schreiben.«

Deshalb betonte der Generalsekretär des Zentralkomitees der Sozialistischen Einheitspartei für seine Hälfte

Deutschlands in fast allen Reden: »In der Deutschen Demokratischen Republik wurde das Goethewort wahr: ›Hier bin ich Mensch, hier darf ich's sein.‹«

Zugegeben, da lag der vielerfahrene Kämpfer für die Sache des Proletariats ein wenig daneben, denn es handelt sich um das letzte Wort Faustens auf dem Osterspaziergang. Danach fängt ja die fatale Geschichte erst an, der Teufel taucht auf, legt seine Stricke aus, und bald schon ist Matthäi am letzten.

Das Verhängnis näherte sich denn auch Ulbricht auf ungebührliche Weise, nämlich in Gestalt Erich Honeckers, der ihm dahintergekommen war und den verdienten Sägefunktionär einfach absägte, noch bevor sein kühner Plan eines allwöchentlichen »Subbotniks der Goethe-Lektüre« zur Durchführung gelangen konnte. Und anläßlich seines bald darauf passierten gänzlichen Ablebens schrieb der begabte Schnapstrinker Peter Hacks am 1. August 1973 ein Gedicht mit der ersten Zeile: »Ulbricht leider ist tot und Schluß mit der Staatskunst in Deutschland.« In der zweiten Zeile heißt es dann aber schon »Immer mächtiger treibt's mich in den Goethe hinein«, wodurch Ulbrichts Werk und Wirken dann ja doch noch einigermaßen fortgesetzt wurde.

Die Feierlichkeiten zu Goethes 230. Geburtstag jedoch konnte der Laiengermanist Ulbricht nur mehr aus dem Jähnseits verfolgen. Wie hätte sein Spitzbart besinnlich revolutionär gewackelt, als Sigmund Jähn, hochgeehrter Fliegerkosmonaut der DDR, im Januar 1979 ins Gästebuch des Goethehauses zu Weimar schrieb: »Es gehört zu den bewegendsten Erlebnissen meines Lebens, mich hier, im Arbeitszimmer Goethes, an die Stunden unseres Aufenthaltes im Weltraum zu erinnern. Neben dem Kommunistischen Manifest gehörte zu unserem Reisegepäck in der sowjetischen Raumstation Salut 6 Goethes ›Faust‹. Gemeinsam mit meinen sowjetischen Genossen ehrten wir damit vor allem den großen Denker und Humanisten, als dessen wahre Erben wir uns betrachten.«

Auch Goethe wird diesen Triumph mit großer Befriedigung und allseitiger Verbundenheit mit der sowjetischen Bruderpartei genossen und zugleich mit leichter Wehmut an den geplanten Großroman »Das Weltall« gedacht haben, der leider, leider unausgeführt blieb. Walter Ulbricht aber bleibt auf ewig eingeschreint in den kämpferischen Busen aller kommunistischen Weltbetriebskampfgruppen.

Als er übrigens einmal eine wegweisende Rede mit den leicht abgewandelten Goetheworten schloß »Du mußt Ammer oder Hamboß sein«, war das zwar nur ein Versprecher, aber er wird noch in fernen Zeiten, wenn wieder eine neue Kampfpartei geschweißt wird, die roten Ohren klingeln machen.

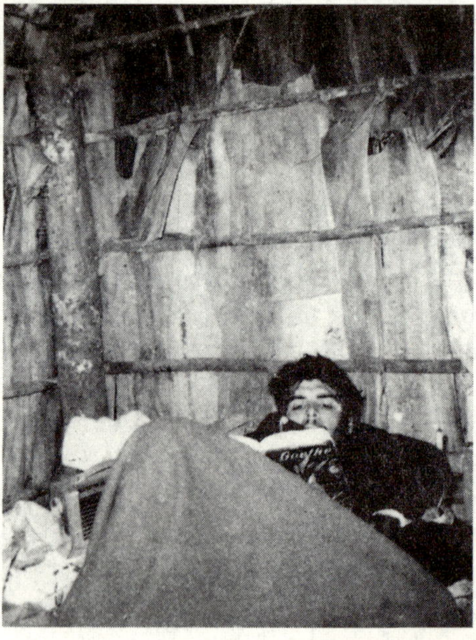

Christoph Schrempf
oder Der Erleuchtete und Götze Goethe

Cela perce quelquefois, que Monsieur de Goethe est hérétique.

König Ludwig von Holland

Monsignore Alphons M. Rathgeber, der langjährige Schriftleiter der Augsburger Katholischen Kirchenzeitung, faßte, soweit wir wissen, niemals kleinen Knaben zwischen die Beine. Aber er erlag doch gewissen Versuchungen und sündigen Anfechtungen. So verfaßte er 1962 das Standardwerk »Wissen Sie Bescheid?« und gewährte darin sämtlichen Katholiken der deutschsprachigen Welt liebreiche Hilfestellung in kniffligen Glaubensfragen, alphabetisch angeordnet, von den »Aachener Heiligtümern« bis zum »Zweiten Gesicht«. Der Monsignore stellte zwischen »Wie sind Glückspiele (Toto, Spielbank) sittlich zu bewerten?« und »Kann das Dasein Gottes mit Sicherheit erkannt werden?« auch die Gretchenfrage: »Kann man Goethe als einen Christen bezeichnen?« Und antwortete sinngemäß: Nicht so recht, nein, eigentlich gar nicht.

Goethe nämlich »hatte kein Verständnis für das tiefere Wesen der Kirche, für ihre Dogmen und ihre Verfassung und verhielt sich schroff ablehnend«, er »mied jeden kirchlichen Gottesdienst schon von frühen Jahren an« und kam zu dem betrüblichen Schluß: »Es ist unmöglich, Goethe für das Christentum zu reklamieren.«

Wer wollte dem Monsignore da noch widersprechen, wenn selbst ein gewisser Geheimrat ihm beipflichtet und feststellt: »Es ist gar viel Dummes in den Satzungen der Kirche.« Weshalb Goethe standhaft blieb und niemals nicht vom Unglauben abfiel – so wie »eine Glocke, die nicht fromm wird, und wenn man sie ein Jahrhundert läutet«. Und er zeterte und belferte und ließ manch Donnerwetter los über »die verfluchte Teufelsimagination unseres Reformators«, dessen angebliche Großtaten er bloß als einen »verworrenen Quark« ansah, »wie er uns noch täglich zur Last fällt«; den einzigen Unterschied zwischen evangelischen und katholischen Geistlichen sah er darin, daß letztere »mehr schwätzen« und »weniger Grimassen machen«. Für beide Konfessionen aber galt:

Eurer Priester summende Gesänge
Und ihr Segen haben kein Gewicht.

Litt Goethe unter einer ekklesinogenen Neurose von Drewermannschem Ausmaß? Man könnt' es fast meinen, wenn man ihn über die Gesalbten aus dem Pfäffikon verbalmarodieren hört: »Was tun sie, um sich selbst Beifall zu zollen, wenn arme Schwachköpfe, erschreckt von den schönen Reden über die Hölle, die sie von der Höhe ihrer Kanzel herab halten, ihren Rest von Verstand verlieren und ihre elenden Tage im Irrenhaus vollenden; ohne alle die zu zählen, die sich selbst töten, um rascher ins Paradies zu kommen oder sich von ihren religiösen Ängsten zu befreien; was tun sie dann?« Na was wohl? »Sie segnen Gott dafür!«

Na, amen und gutnacht!

Geholfen hat ihm seine Drudenfüßigkeit dennoch kaum. Zum 50jährigen Weimarer Dienstjubiläum ernannte ihn – »leider auch Theologie« – die Fakultät in Jena »trotz alledem« (G. Herwegh) zum Doktor der Theologie und beurkundete, daß er »als Schöpfer eines neuen Geistes in der

Wissenschaft und als Herrscher in dem Reiche freier und kräftiger Gedanken das wahre Interesse der Kirche und der evangelischen Theologie mächtig gefördert« habe.

Und so ging das ewige gottgefällige Mißverständnis weiter, nach seiner Abberufung konnte Goethen auch nur schwer dagegen vorgehen.

Etwa wider den Theologen Friedrich Muckle, welcher sich anschickte, in einem auf acht Riesenwälzer angelegten Werk »die Rettung des Abendlandes durch den Geist der Goethezeit zu beschwören«. Inbrünstig gab sich Muckle der Hoffnung hin, daß »die dem Atheismus und damit dem Chaos und dem Elend verfallenen Millionen für ein höheres Leben nur dadurch gewonnen werden können, daß ihnen der Geist der Goethezeit als Geist einer neuen, das Dasein weihenden Frömmigkeit auf dem Wege der Erziehung vermittelt wird«. Die ersten beiden Bände waren deshalb einleuchtenderweise »Goethes Frömmigkeit« gewidmet, denn nur sie allein »vermag die mit der Brandfackel Luzifers vorstürmenden Atheisten zur Umkehr und zur Besinnung zu bewegen«; schließlich hatte kein anderer als der selige Großdichter in seinem universellen Lebenswerk »alle weltflüchtigen Regungen von der Art des späten, müden Orients verbannt, ohne das Zarte und Junge des Christentums aufzugeben«. Und so fortan! Wofür man aber Muckle bis heute auf allen zur Verfügung stehenden Knien danken muß: Sechs der geplanten acht Bände sind gar nicht erschienen. Halleluja!

Kommen wir nun gemessenen Schrittes zu einem Mann, der sich gleichfalls in schwere Nahkampfhandlungen mit Goethes Persönlichkeit verwickelte, zu einem wunderlichen und im schwäbischen Besigheim gebürtigen Theologen.

Aufgrund der Gnade der früheren Geburt mußte Goethe den »Eigengläubler« Christoph Schrempf (1860 – 1944) niemals am eigenen Leibe erleiden. Dafür war Hermann Hesse gleich mit beiden gut Freund.

Der glasperlenspielende Nobelpreisträger verehrte Goethe, den auch er nie persönlich kennenlernen durfte, als den »deutschen Dichter«, dem er »am meisten zu verdanken« habe – auch wenn sich mancher fragen mag, was dieses »meiste« eigentlich gewesen sein soll.

Von allen Menschen, denen Hesse, der »entsetzlich harmlose Schwabe« (Alfred Kerr), je von Angesicht zu Angesicht gegenübertreten durfte, war Christoph Schrempf nicht etwa Goethe, sondern dem Philosophen Sokrates »am ähnlichsten«. Sokrates hatte schließlich auch sooo ein Trumm von Gesichtspullover unterm Kinn herumbaumeln. Für den ähnlich unrasierten Schrempf war Sokrates daher »wie ein Vater und wie ein Bruder«, und deswegen vermochte der ehemalige Repetent an der Keimzelle so manchen Übels, dem Tübinger Stift, erst mal »das originellste und anregendste aller Sokratesbücher« zu schreiben. Goethe war noch nicht in Sicht.

Dann kam Smoerrebroed Kierkegaard als »wichtigster Koeffizient«, was Schrempfs »Akten zur Geschichte meines Verhältnisses mit Kierkegaard von 1884 bis 1935« belegen, alsdann übersetzte er auch den Doktor Luther »aus dem Christlichen ins Menschliche«, trieb es mit »Lessing als Philosoph«, schilderte »Schiller als Volkserzieher« und machte freilich auch und in Bausch und Bogen den »Dionysos-Nietzsche« nieder.

Laut Hesse stammte Schrempf, wie Hesse selbst, »direkt und deutlich vom süddeutschen Pietismus ab, von einer nicht enthusiastischen, eher nüchternen und sehr sittenstrengen Art von Pietismus« und gehörte damit »zu den Geistern, an denen sich zu messen für unsere Jugend unerschöpflich fruchtbar ist«.

Bzw. zu jenen, die auf die Aussage »Es regnet, ich werde einen Schirm nehmen« wie aus der Knallplätzchenpistole geschossen verlauten lassen: »Ja, aber der wahre Schirm ist

Gott!« Insgesamt gesehen also gehörte er, ebenso wie Hesse, zu jenem Sektor der »deutschen Innerlichkeit, der es schon kolossal vorkommt, wenn irgendwo ein Ehebruch erlitten oder gestartet wird«. (Gtfrd. Benn)

Dem »Heiland von Degerloch«, wie er später genannt wurde, war es, im »Banne des Unbedingten« stehend, »immer um das innere Leben zu tun«, mit »unerbittlicher Ehrlichkeit«, »schonungsloser Wahrhaftigkeit«, »Redlichkeit des Denkens« und »unbequemer Kompromißlosigkeit, die ihn nie Ruhe finden, nicht in Kontemplation versinken« ließ. Der sonntagspredigende »Eigengläubler«, der sich selbst »als Zeugen menschlicher Bedürftigkeit« in eine Reihe mit Hiob, Oedipus und Jesus stellte, spürte »in seinem ganzen Lebensgang« den »heiligen Drang nach Wahrheit und unbedingter Aufrichtigkeit« und war von einem »erschütternden Erkenntnisstreben« beseelt.

Für dessen Ergebnisse Goethe nur das Wort »Hosenseufzer« übrig gehabt hätte. Oder allerhöchstens eine Erledigung in sehr geraffter Form: »Der Kerl droht am Wiederkäuen sittlicher und religiöser Absurditäten zu erstikken.«

Mit Recht. Drei Bücher schrappte, schrubbte und schrempfte der »Denker von unheimlicher Schärfe« (Eigenwerbung) sich aus der Seele. Deren Verbundtitel »Goethes Lebensanschauung in ihrer geschichtlichen Entwicklung« gliedert sich in die drei Abteilungen »Der junge Goethe«, »Lehrjahre in Weimar« und – darauf haben wir alle gewartet – »Mein Verhältnis zu Goethe«. In toto 489 Seiten.

Leider.

Jeder einzelne Teil, jedes einzelne Kapitel, jede einzelne Seite und Satz für Satz von so unerhörter Langeweile, erschütternder Bräsigkeit und unerbittlicher Philistrosität, daß einem das Gehirn aus der Verankerung tritt und augenblicklich alle noch gehorchenden Glieder einschlafen.

Schlimmer als 1000 Jahre Fegefeuer oder 10 Stunden ARD-Presseclub.

Daher nur so viel: Der Mann mit dem Gottvaterbart teilt nachträglich guten Rat eimerweise aus, wie Goethe sich im Leben hätte besser verhalten sollen, vor allem gegenüber der schwer gekränkten Frau von Stein. Als Ergebnis von Schrempfs eingehenden Untersuchungen der Goethe/von Steinschen Lebensverhältnisse, verwandelte sich seine »mit Antipathie gemischte Sympathie in eine mit Sympathie gemischte Antipathie gegen ihn«. Aha. Und gönnerhaft fügt er hinzu: »Wieviel Genuß der Dichter Goethe« aber »gewähren kann, lasse ich ganz beiseite. Denn das interessiert mich nicht.« Oha, da leckst mi grad im Oasch! Dennoch und nichtsdestotrotzdem wollte er Goethe »für *den* Leser in Anspruch nehmen, den wir den ›menschlichen‹ nennen«.

So trat Schrempf je und je den ganzen Goethe-Quark, bis er breit genug war, ihn der Gemeinde in drei Bänden vorzusetzen. Niemand hat es ihm gedankt.

Denn nicht einmal wir, denen es an sich vor nix bis gar nix graust, brachten trotz mehrfach anberaumter Selbstversuchstermine nicht den Mut, die Hingebungskraft und die Opferbereitschaft auf, dem »Zeug« (Mart. Heidegger) über mehr als fünf Seiten am Stück zu folgen. Oft reichten schon wenige Zeilen, um uns den Garaus zu machen. Mancher mag das als leichtlebige Lauheit geißeln, aber wer mehr als ein Pfund Sauerampfer frißt, muß diese Erde nun mal unter unsäglichen Qualen verlassen.

Im »Calwer Kirchenlexikon« steht, dies zum Dispens, denn auch von Schrempf zu lesen: »Für eine objektive Würdigung dieses einsamen Denkers ist die Zeit wohl noch nicht gekommen.«

Dabei wollen wir es belassen. Bis im Jahre 2248 der Schreckensruf ertönt: »Goethe wird nächstes Jahr 500! Was ist zu tun?« Dann, wenn die Menschheit womöglich und endlich alle Vernunft eingebüßt hat, mag auch Christoph Schrempf abgestaubt und aus der Kiste geholt werden. Doch bis dahin rufen wir ihm mit Goethe die Worte zu:

Absurder Pfaffe! wärst du nicht
In Unnatur verschlämmet,
Wer hätt' dir eignes Augenlicht
Vom Urlicht abgedämmet?
Du Esel! willst zur Demut mich
Demütigsten ermahnen,
Höre doch den Narrenstolz und dich
Und Pfäfferei iahnen.

Iaaah! Iaaah! Iaaah!

»Uns war er mehr!«
oder Goethe mit Ausrufungszeichen

»Zurück ins All!«
Friedrich Hölderlin

Drei volle Tage dauerte der ganz kleine Goethe schon, als die dicke Großmutter Textor den endlosen Geburtsvorgang endlich mit dem Aufschrei beschloß: »Rätin, er lebt!« Natürlich konnte sie da noch nicht ahnen, daß sie erst viele Jahre später und erst durch Günter Grassens Buch »Die Rätin« die längst fällige Ehrung durch Erwähnung erfahren sollte. Was jedoch auch Grass kaum begriff: Alle nachfolgenden goetherelevanten Generationen orientierten sich an dieser ehrwürdigen Mamsell, die händeringend hinter der blaugetüpfelten Gardine hervorschaute, als sie ihren folgenreichen emphatischen Ausruf ausrufte. Oder: ausrief!

Ausschweifende Anrufung, aber auch ausufernde Anfeindung des Herangewachsenen und zu voller Größe Aufgelaufenen vollzogen sich hinfort zumeist unter Zuhilfenahme des Ausrufungszeichens: !

Kein Wunder, denn »leidenschaftlich erregte, zornige oder von der Wichtigkeit ihres Tuns und Denkens durchdrungene Menschen«, meinte der nur selten zornige Kollege Hans Reimann, »rammen ganze Lattenzäune von Ausrufzeichen hinter die wesentlichen Sätze«. Lattenzäune wollen wir dem Leser hier freilich keine zumuten, zu viel Holz wurde schon für dies nichtsnutzige Büchlein geopfert – aber deutlich drauf hinweisen, das wollen wir schon: daß das Ausrufungszeichen zum schlechthinnigen Emblem eines Richtungsstreits wurde, unter den Goethe-Jubelpersern wie den ihn piesackenden Walfischflöhen. In hoc signo percutes!

»Zurück zu Goethe!« war aus vielfachen Gründen ein Herzensanliegen von Waldemar Oehlke, das er auch prompt in Buchform brachte. Ganz anders dagegen der strammdeutsche Goetheforscher Julius Petersen; dieser forderte so lange »Vorwärts zu Goethe!«, bis derselbe auf seinem Rücken im Dritten Reich angekommen war. Nicht unähnlich, wenngleich aus anderen Beweggründen, forderte Rudolf Huch von der Welt »Mehr Goethe!« – was allsogleich Arno Schmidt dazu anstachelte, »Weniger Goethe!« anzumahnen. Ein Getaumel, ein Geeumel, ein sinnlos' Hin und Her!

»Goethe und kein Ende!« stöhnte der Naturwissenschaftler Emil Dubois-Reymond wider den »autodidaktischen Dilettanten« aus Weimar am Main, und sukzessive konstatierte sein Kollege Karl Friedrich, freilich wenig überraschend: »Goethe und noch immer kein Ende!«

»Hol' ihn der Kuckuck und der Küster!« fluchte aufgebracht Gottfried August Bürger, weil der geschäftige Minister Goethe ihn nicht gebührend empfangen hatte, sondern bloß barsch abgefertigt. Und was kreischte Friedrich, genannt Maler Müller, als er Goethes »Wahlverwandtschaften« gelesen hatte? »Pfui!«

Dito sprach auch Ludwig Börne ein kurzes »Pfui!« aus, allerdings über den Gesamtgoethe, weil der noch, wie Börne hämte, »seine Windeln spannenweis« an Fans verkaufte. Was gar nicht stimmte!

»Das garstige Tier!« Am 22. April 1777 legte der Jurist und Schriftsteller F. H. Jacobi Goethe diesen Titel bei, weil er ihn als »feurigen Wolf« ansah, der des Nachts an honetten Leuten hinaufsprang und sie in den Kot wälzte. Da loben wir uns doch einen versöhnlichen Theologen wie Friedrich Daniel Schleiermacher, der gütlich saldierte: »Der Goethe ist doch eigentlich eine gute Haut!«

Auch im Ausland machte sich die Manie des Goethe-Ausrufezeichens breit. »La grande arme de Goethe!« war der Ruf Romain Rollands, obwohl, das scheint dem französischen Pazifisten nicht gewärtig gewesen zu sein, Goethe selber kräftig mitgewirkt hat, den Militäretat des ihm unterstellten Herzogtums finanziell spürbar zu entlasten (indem er Soldaten weiterverkaufte). Da sollte sich unser oberster Kriegsherr Rudolf Scharping mal eine Kommißbrotscheibe von abschneiden!

In Deutschland wurde unterdessen volksmündlich der Spottvers verbreitet: »Hast du was vonnöten, geh' zu Goethen!« Er geht einwandfrei zurück auf Goethes Vertrauten Kanzler von Müller, der seinen langjährigen Gesprächskumpan zum »Universalhelfer in geistigen und leiblichen Nöthen« ernannt hatte. Der gute Müllersbursch!

Allein sich selbst konnte der Fürstendichter vielleicht nicht helfen. »Der arme Mann!« rief Dorothea von Schlegel am 28. 11. 1817 aus, denn »Goethe dauert mich sehr«. Ihr zur Seite stellte sich viel später der Schweizer Autor Ludwig Hohl: »Immer dieser eine arme Goethe!« Nicht jedoch, weil er ihn dauerte, sondern »weil er zehnmal mehr begriffen hat als die andern Deutschen, soll er gleich alles wissen«. Wirklich, das ist doch viel zu viel verlangt von dem alten Sack!

Arm fühlte sich wohl auch August Kiesewetter, der Zögling Falks, weil er Goethe noch nie gesehen hatte. Geschlagene zwei Monate des Jahres 1822 scharwenzelte er in Weimar um Goethes Haus herum – ohne Erfolg. Eines Tages schließlich bat er einen Nachbarn, von dessen Gärtlein aus am nächsten Morgen einen Blick auf den Verehrten werfen zu dürfen, was der mit den Worten »Warum nicht!« freundlich genehmigte. Als Kiesewetter dann in der Früh aufstand, schien die Sonne und er jubilierte: »Ha, heute ist gut Wetter für Goethe!« Und wirklich: Alles klappte, war in Butter und ging wie geschmiert, eine ganze geile Stunde konnte sich der Spanner im Garten vergnügen.

Worum er wohl tüchtig von dem Oberkonsistorialrat Friedrich Mosengeil beneidet wurde. Dieser sah Goethe am 9. November 1818 zum erstenmal: »Ein stolzer, schöner Kopf! Ein äußerst geistvolles Auge! Schade, daß es so schwer hält, sich so einem Manne zu nähern!« Nämlich eines war Goethe gewiß: »Immer ein großer Mann!« Der feinsinnig-bescheidene Mosengeil wollte sich dem Großen nicht aufdrängen, denn »ihm etwas Schönes sagen, wirkte wohl ebenso, als wenn man einer eben von der Tafel aufgestandenen Prinzessin ein Bisquitschnittchen schenken wollte«. Außerdem: »Jeder Schnapphahn, der von der literarisch-ästhetischen Reise heimkommt, will bei Tante und Cousinchen erzählen: Ich kenne Goethe genau! Wir waren oft zusammen bei dem und dem!« Ein Lob dem Mosengeil!

Felix A. heißt zwar nicht Schnapphahn, sondern Theilhaber, muß aber schlechterdings alles gewußt haben. Auf dem Umschlag des 1932 in Berlin erschienenen Sensationsbuches »Goethe. Sexus und Eros« prangt die sensationelle Knallzeile: »Das Rätsel seiner Persönlichkeit gelöst!« Weil innendrin sein »gesamtes Lebenswerk aus der Spannung zwischen erotischer Vergeistigung und triebhaft-sexualer Auslösung« restlos begriffen und bis zum letzten Samenfaden aufgezwirbelt wird. Brrrr!

Das konnte ja nicht ohne Folgen bleiben! »Garstiger Mensch, wie erschrecken Sie mich!« setzte Friedrich Glover, der goethefeindliche Pamphletist, der C. H. G. Köchy oder vielleicht sogar J. H. C. Vogler hieß, seinem Machwerk als Motto vorneweg. Übernommen hatte er den Spruch von

Goethes Jugendliebe Friederike Brion. Als der stürmische Liebhaber sich dem Fräulein in wahrscheinlich unsittlicher Absicht auf einer Gartenbank zu nähern wagte, rief sie genau dies: »Garstiger Mensch, wie erschrecken Sie mich!«

Auch Friedrich Hebbel aus Wesselbüren war nicht eben entzückt über den Fichterdürst und exklamierte: »In Weimar muß man entweder Goethe oder – sein Schreiber sein!« Aber bekanntlich war Hebbel weder Goethes Stift noch gar Goethe selbst; was den Mann schließlich dazu brachte, Goethe in ohnmächtiger Wut an den Galgen zu wünschen: »Den alten Goethe hätte man nach den Wahlverwandtschaften hängen sollen!« Warum aber erst nach?

Kein Wunder, daß es den eh sehr auf Versöhnung bedachten Holl- und Niederländer Rudi Carrell, und weil gerade er es wissen muß, zu der schwer widerlegbaren Ausrufung trieb: »Goethe war gut!« Warum auch nicht? Schließlich machte auch Gabriele Wohmann ihre schlichte Bitte »Goethe hilf!« zum Titel eines schlichten Buches; dem man auch deutlich ansah, daß Goethe hier nicht im mindesten geholfen hat.

Wie aber nun weiter? Mit weniger gutem Goethe vorwärts? Oder mit mehr zurück und an den Galgen? Johannes »R.« Becher, der dichtende Kultusminister der DDR, vereinigte listig beide Forderungen: »Nicht zurück zu Goethe, sondern mit Goethe vorwärts!«, wobei es ihm wohl darum ging, die »antiquierte Goethe-Monumentalität« frech vom Sockel zu stürzen. Einzig der westdeutsche Renegat Herbert Wehner bevorzugte im Falle Goethens nicht das Ausrufe-, sondern das Fragezeichen: »Schiller ist sicher ein umstrittener Mann, dennoch: Wo ist der Goethe der CDU?« fragte er noch zu Zeiten des Bundeskanzlers Willy Brandt auf dem SPD-Parteitag des Unterbezirks Hamm.

»Lest Goethe und Marx!« gab daher standfest die Weimarer Zeitschrift »Das Volk« in ihrer Ausgabe vom 3. 9. 1964 als Losung für alle klassenbewußten Arbeiter und Bauern aus. Alles Propaganda! Sie zog nicht, schon Wilhelm Hauff zitiert in seinen »Mitteilungen aus den Memoiren des Satans« ein gebildetes Judenfräulein mit den Worten: »Nee, den Jöthe lese ich nie wieder!«, weil »das is was Langweiliges«.

Auf die Idee, die Leute »Mit Goethe abwärts!« fahren zu lassen, kam bislang jedoch weder der Satan noch irgendein Aufzugfabrikant. Kein dringend müssender Mensch schlägt sich »Mit Goethe seitwärts!« in die Büsche, und »Mit Goethe himmelwärts!« forderte zu seinen umtriebigen Lebzeiten nicht einmal Pater Leppich. Nicht einmal der! Obwohl er sich doch das »Maschinengewehr Gottes« nennen ließ, die Pfeife!

Auch nach einem »Goethe von j. w. d.« hat es nie jemand verlangt. Also echt nicht! Wie dann der berüchtigte Kulturphilosoph José Ortega y Gasset dazu kam, seine Leserschaft aus Professorswitwen und Schiffsschaukelbremsern ausgerechnet »Um einen Goethe von innen bittend!« anzugehen, bleibt für uns tief innen total unklar. Da dauerte es auch gar nicht lange, bis Ulrich Fülleborn »Um einen Goethe von außen bittend!« krachend auf die Knie fiel – obwohl doch Goethe himself einmal klipp und klar geschrieben hat: »Nichts ist innen, nichts ist außen.« Das kann sich getrost auch ein obskurer Tübinger Stammtisch gesagt sein lassen, der, um das Maß unerträglich vollzumachen, uns auch noch einen »Goethe von hinten« auf den Büchertisch gelegt hat. So eine Sauerei!

Wer blickt da noch durch? Ganz bestimmt nicht Berti Vogts, auf dessen »Um einen Goethe als Linksaußen bittend!« wir schon gar zu lange warten, wenn's denn sein muß, auch noch bis kurz vor Toresschluß. Doch Goethe als Dribbelkünstler, so weit kam es nicht!

Denn 1. mußte Vogts zurücktreten und 2. Goethe im

März 1832 sehr krank werden, so daß Kanzler von Müller bänglich quiekte: »Wer bangte und zagte nicht um so theures Haupt!« Freilich hatte Charlotte von Schiller schon am Heiligabend 1819 gewarnt »Ach, es würde ohne ihn uns viel fehlen!« und Goethe selbst rief noch »Ei! Ei!« und sogar »Ach! Ach!« – aber es nützte nichts mehr.

»Vorbei! Verweht! Nie wieder!« (Kurt Tucholsky)

Der plagenvolle Walpurgissack
oder Goethe und sein Abscheu

> Jemand lieb ich, das ist nötig;
> Niemand haß ich, soll ich hassen,
> Auch dazu bin ich erbötig,
> hasse gleich in ganzen Massen.
>
> *Goethe, Zahme Xenien*

Je älter und kälter Goethe wurde, desto sicherer und souveräner wußte er zu urteilen. Auf nichts nahm er mehr Rücksicht, Pardon wurde keinesfalls gegeben. »Er verknöchert und verhärtet wirklich und wird auch entsetzlich intolerant und im Gespräch manieriert«, notierte sichtlich pikiert Wilhelm von Humboldt, der Bruder des legendären Strombenenners.

Bye, bye, Höflichkeit, Toleranz leck mich am Arsch. Mit feurigem Furor drohte der Großdichter: »Ich piß in die Stubb!« und ging, die Arme im Wutstarrkrampf hinter dem Rücken verschränkt, nervös im Junozimmer auf und ab. Keine Ruh ward ihm gegönnt. Nein, er hatte »alle Hände voll zu thun um den Mist beiseite bringen zu können«. Herrjesses! Was man auch wegschaffte und im Handstreich erledigte – es wuchsen »täglich neue Beschwerden, und niemals mehr als wenn man Eine glaubt gehoben zu haben«.

Ja, scheißdochrein!

Ein ums andre Unwetter braute sich im Haus am Frauenplan zusammen, ein Greis grantelte vor sich hin, und ein junger Johann Daniel Falk merkte genau auf und notierte sich alles:

»Ja, wenn ich es nur je dahin noch bringen könnte, daß ich ein Werk verfaßte – aber ich bin zu alt dazu –, daß die Deutschen mich so ein funfzig oder hundert Jahre hintereinander recht gründlich verwünschten und aller Orten und Enden mir nichts als Übles nachsagten: das sollte mich außer Maßen ergetzen.[…] Vollends, wenn mein Walpurgissack nach meinem Tode sich einmal eröffnen und alle bis dahin verschlossenen, stygischen Plagegeister, wie sie mich geplagt, so auch zur Plage für andere wieder loslassen sollte.«

Das war Goethes großes Geheimnis; und wir wären nicht die Aufdecker und Aufklärer, die wir sind, wenn wir nicht auch dieses noch restlos aufdeckten und -klärten: Goethe war nicht nur ein Sack, er hatte auch noch einen, in den er alles reintat!

Nicht reinweg alles natürlich. Was ihm an Notaten überhaupt nicht mehr paßte, das verbrannte er, aber was er nicht verbrannte, jedoch auch nicht drucken ließ, das sekretierte und stopfte er in große leinerne Säcke; wo es auch später von den Herausgebern im Namen Sophiens gefunden wurde.

Und diese – aber entschuldigen Sie, Herr Geheimrat, wir haben Ihnen ja das Wort abgedreht: »Der Walpurgissack ist eine Art von infernalischem Schlauch, Behältnis, Sack, oder wie Ihr's sonst nennen wollt, ursprünglich zur Aufnahme einiger Gedichte bestimmt, die auf Hexenszenen im ›Faust‹, wo nicht auf den Blocksberg selbst, einen nähern Bezug hatten. Nach diesem, wie es zu gehen pflegt, erweiterte sich diese Bestimmung ungefähr, sowie die Hölle auch von Anfang herein nur einen Aufenthalt hatte, späterhin aber die Limbusse und das Fegefeuer als Unterabteilungen in sich aufnahm. Jedes Papier, das in meinem Walpurgissack herunterfällt, fällt in die Hölle; und aus der Hölle, wie Ihr wißt, gibt es keine Erlösung.

»Es brennt da unten ein unverlöschliches Fegefeuer, was,

wenn es um sich greift, weder Freund noch Feind verschont. Ich wenigstens will niemand raten, ihm allzu nahe zu kommen. Ich fürchte mich selbst davor.«

Wir jedoch fürchten uns nicht und greifen beherzt in den schon aufgeschnürten Höllensack. Und staunen nicht schlecht: dick und feist und prall ist dies frappante Futteral. Was da alles versammelt ist!

Der unerträgliche »Ennui« und die Ausbreitung der »Eckelverhältnisse« führten Goethen zu der Erkenntnis: »Ich bin nicht zu dieser Welt gemacht – wie man aus seinem Haus tritt, geht man auf lauter Koth.« Alle Unleidlichkeit der Welt hatte sich über seinem Haupt versammelt, allen Beschwer hatten ihm die Götter vermacht und vors wutentbrannte Antlitz geschrägt.

Ob sich da jemals noch die Wonnen der Zufriedenheit ins Goethehaus einschleichen sollten?

Ach woher. Wo man auch hinschaut, herrscht nur –

Unzufriedenheit

Am 3. Februar 1823 entwarf Goethe, offenbar bester Lästerlaune, dem Kanzler Müller gegenüber eine »förmliche Theorie der Unzufriedenheit«. Es gebe, behauptete er da, ein »Organ des Mißwollens und der Unzufriedenheit« wie auch eines der Opposition und der Zweifelsucht. Lange genug hatte er ja Zeit gehabt, diese Ansicht nebst Organ zu entwickeln.

Mit drei Jahren schon haßte er Kinder, die häßlicher waren als er selbst und forderte vehement, sie umgehend aus seinem Gesichtskreis zu entfernen. Wenn die Mutter das Märchen vom tapferen Schneiderlein erzählte, geriet er in erhebliche Erregungszustände und bestand wutstampfenden Fußes und rotangelaufenen Kopfes darauf, daß der Schluß geändert werde: Der elende Leutebetrüger sollte die Prinzessin nie und nimmermehr kriegen!

Was ein Balg! Seit früher Kindheit konnte er ebenfalls den »pestartigen Geruch von Seidenraupen« nicht ausstehen, weil der Vater ganze Räume des Hauses mit Seidenraupen füllte, die er zwecks der Herstellung von Bekleidungsrohmaterial züchtete; und mit dessen geschneiderten Endprodukten sich der eitle Goethe während der Studentenzeit genierte, weil er damit unter den Kommilitonen aussah »wie aus einer fremden Welt hereingeschneit«.

Schnaken

Elefanten brauchte es gar nicht, um Goethes Mißmutsorgan anschwellen zu lassen – Mücken genügten schon. Schon gar nicht konnten Schnaken bei ihm landen, wegen ihrer Zudringlichkeiten brach er selbst in einer äußerst lauen Sommernacht in »gotteslästerliche Reden« aus. Ein Pfarrer bemerkte zu ihm, die Viecher seien, so vermute er, erst nach dem Sündenfall entstanden. Goethe aber versicherte, es habe des Engels mit dem flammenden Schwert gar nicht bedurft, um das sündige Paar aus dem Paradiesesgarten zu vertreiben. Der Pfarrer müsse ihm erlauben, sich vorzustellen, daß dies durch »große Schnaken« an den Ufern von Euphrat und Tigris geschehen sei.

Ackerbau und Viehzucht

Am 5. Oktober 1811 erzählte »mit vieler Laune« der Goethe-Besucher Wilhelm Dorow von dem dichtenden Sammelfex, »daß er seiner reichen und kostbaren Münzsammlung den Knopf von der Hose des Marschalls Augereau – der bei ihm im Quartier gelegen – aufbewahre und denselben als seine kostbarste Münze den Beschauern der Sammlung vorlege«.

Einem Knopf widmete Goethe höchste Zuneigung und Aufmerksamkeit, aber gegenüber einer der Hauptbeschäftigungen der Menschheit erzeigte er sich streng ablehnend:

»Der Ackerbau gefällt mir nicht«, wetterte er, »diese erste und notwendige Beschäftigung der Menschen ist mir zuwider; man äfft die Natur nach, die ihre Samen überall ausstreut, und will nun auf diesem besonderen Feld diese besondere Frucht hervorbringen. Das geht nun nicht so; das Unkraut wächst mächtig, Kälte und Nässe schadet der Saat, und Hagel zerstört sie.«

So also stand Goethe dem Anliegen des Nährstandes gegenüber. Zusammen mit den Agrarexperten Gerhard Henschel und Michael Rudolf möchte man ausrufen: »Von Herzen seid ihr zu bedauern, ihr gottverfluchten Schweinebauern!« Hie ein Unwetter, da eine gekürzte Agrarsubvention, also leicht haben diese Bauernlümmels es wahrlich nicht.

»Was aber sagen Sie hierzu?« frug Goethe Eckermann am 26. Februar 1824 und reichte ihm mit diesen Worten einige radierte Blätter des berühmten Tiermalers Roos. Lauter Schafe waren zu sehen, in all ihren möglichen Lagen und Zuständen. Eckermann grauste es ein wenig: »Das Einfältige der Physiognomien, das Häßliche, Struppige der Haare, alles mit der äußersten Wahrheit, als wäre es die Natur selber.« Und Goethe fuhr fort: »Mir wird immer bange, wenn ich diese Tiere ansehe. Das Beschränkte, Dumpfe, Träumende, Gähnende ihres Zustandes zieht mich in das Mitgefühl desselben hinein; man fürchtet, zum Tier zu werden, und möchte fast glauben, der Künstler sei selber eins gewesen.«

Wachslichterzerknaupeln und Lichtputzen

So gern sich Goethe auch von seinem Gönner, dem Großherzog Carl August, einen Haufen Geld bezahlen ließ – manche Gewohnheit, die der regierende Kleinstaatsmann pflegte, erregte doch seines Geheimen Rates Widerwillen.

Neben dem dauernden Wildschweinjagen war dies vor allem das Wachslichterzerknaupeln.

»Der Herzog ist wacker«, befand er zwar, »und man kann ihn recht wohl lieben«, wenn er, ja, »wenn er nicht durch seine Unarten das gesellige Leben gerinnen machte und seine Freunde durch unaufhaltsame Waghalsigkeit nötigte, über sein Wohl und Wehe gleichgültig zu werden«. Goethe meinte die schon ins Manische spielende Jagdlust des Großherzogs. Tag für Tag mit einer Meute von Schmarotzern und Höflingen durchs Unterholz preschen und der Sauhatz zu obliegen, das war nicht jedermanns Sache. Und der »Aristokratenknecht« (Hch. Heine) Goethe, der in der Lage war, das »durchaus Scheißige dieser zeitlichen Herrlichkeit zu erkennen«, kommentierte das Hofleben resigniert: »Wenn die Blattläuse auf den Rosenzweigen sitzen und sich hübsch dick und grün gesogen haben, dann kommen die Ameisen und saugen ihnen den filtrierten Saft aus den Leibern. Und so geht's weiter, und wir haben's so weit gebracht, daß oben immer in einem Tage mehr verzehrt wird, als unten in einem organisiert, beigebracht werden kann.«

Nicht nur war ihm fraglich, ob Carl August je erkennen würde, daß »ein Feuerwerk um Mittag keine Wirkung tut«, sondern daß das Herumspielen mit Kombustibilien überhaupt unerwünscht war.

Das Kerzenwachskneten, diese üble Eigenart Carl Augusts, erregte Goethe so sehr, daß seine Bauchspeicheldrüse in eine gefährliche Überproduktionskrise geriet. Ja, der gelangweilte Großherzog vergnügte sich hemmungslos damit, während wichtiger Sitzungen des Kabinetts Wachs, das von den Leuchten herabgetropft war, zu zerbröseln. Zu kleinen Häufchen aufzuschichten, die er dann wieder zerstörte, um sogleich neues Material anzusammeln. Wie ein Bekloppter!

Der Geheimrat Schnauß mochte gerade über die Bezifferung der neuerlich in den Ettersberg-Forsten angefallenen

Jagdschäden Referat halten, die Minister Schmidt, [illegible] und Voigt ratzten was weg oder schmierten Popel un[illegible] eichernen Ratstisch (wo sie noch heute zu besichtige[illegible] C. August jedoch schnappte erneut nach einem Kandelaber und knubbelte, die Zungenspitze konzentriert in den Mundwinkel geheftet, sehr gierig mit den Fingernägeln das schon zähe Wachs vom Kerzenschaft, rollte und walkte das Material mit dem Daumen im Handteller, kriegte es durch beharrliches Warmkneten wieder halbwegs gefügig und preßte und formte es schließlich zu respektablen Kügelchen, die er dem Geheimrat stolz eins nach dem andern vorzeigte, natürlich so, daß die anderen Schnarchlappen sie nicht sahen. Damit ließ sich nun einwandfrei in der Pause im Gang Murmeln bzw. Klicker spielen, je nachdem, wer mitmachte. Weimar wurde von einem Wachslichterzerknaupler regiert.

Erbost betrachtete Goethe seinen Chef. »Wenn er sich etwas zugute tun will, so muß er etwas Albernes vornehmen, und wenn's das Wachslichterzerknaupeln wäre.« Pfui über das Wachslichterzerknaupeln!

Goethe wurde hibbelig dabei und hätte am liebsten seinen Brötchengeber hinaus auf den Schloßhof gejagt. Der Drang zum Wachswergeln aber steckte wohl in Carl Augusts »tiefster Natur« – und sagen durfte man auch nichts, schließlich hatte er ja Macht über Leben und Tod seiner Untertanen und jede Menge Schotter zu verausgaben. Kein Wunder also: Eine öffentliche »Abwehr des äußeren Unglimpfs« unterblieb.

Noch weitaus schlimmer litt Goethen jedoch unter einer anderen Unbill, die der immer noch nicht erfundenen elektrischen Beleuchtung geschuldet war. Dazu erwähnen wir eine wenig bekannte Erwähnung des Goethe-Leibarztes Dr. Vogel: »Als eine wenig bekannte Eigenheit Goethes erwähne ich hier noch, daß ihm sehr unangenehm war, wenn jemand in seiner Gegenwart das Licht putzte. Niemand konnte ihm diese Operation zu Danke machen.« Und das war noch milde ausgedrückt.

Der überzeugte Knaupelgegner mochte und konnte es nicht leiden, wenn ein anderer zur Kerze ging und dieses »Küstergeschäft« (F.W. Riemer) übernahm. In des Hofschauspielers Karl Eberwein Erinnerungen steht zu lesen, daß Goethe »demjenigen, der wie Karl Ludwig Knebel das Licht zu kurz oder gar ganz ausputzte, es nie wieder gestattete, sich diesem Geschäft zu unterziehen. Sowie jener Miene machte, ein Gleiches zu versuchen, langte Goethe nach der Lichtputze und putzte es selbst.« Denn, so Eberwein, »es war dem gefeierten Dichter Bedürfnis, auch bei der geringfügigsten Sache seine Ordnungsliebe zu betätigen«.

Heilige Ordnung, segensreiche! »Es war ihm aufs Äußerste zuwider«, bestätigt Dr. Vogel, »wenn ein Buch, eine Lage Papier und dergleichen mit seinen Rändern den benachbarten Rändern des Tisches nicht parallel lag.« So mußte es sein, und wenn er die Ränder noch mit der Holzraspel hätte gerade schaffen müssen! Aber wenn dann auch noch die Lichter kurzdochtig im Abwind flackerten…

Worum geht's eigentlich genau?

Dadurch, daß im tierischen Talg, aus dem damals die Kerzen verfertigt wurden, Stoffe waren, die das völlige Herabbrennen des Dochtes verhinderten, gab es an der Kerze nach einer Weile »Putzen«, auch »Schnuppen« oder »Räuber« genannt. Erst wenn die Lichtputzschere ihres Amtes geschickt gewaltet und den kohlenden Kopf des Dochtes gekürzt hatte, brannte das Licht wieder so, wie es sollte: hell und rein und aprilfrisch.

Goethe konnte nun aber, wie Theodor Kräuter berichtet, kein »zu kurz geschnaubtes Licht leiden, weil bei solchen die überflüssige Nahrung« im Übermaß herabfloß. Als Kräuter,

Riemer und wiederum der Urkumpel Knebel einmal abends bei Goethe um den Tisch herumhingen, da waren »die Lichter lange nicht geschnaubt worden und leuchteten nur schwach. Knebel wollte endlich diesem Übelstande abhelfen und griff nach der Lichtbutze. Halt! rief Goethe, nahm sie ihm aus der Hand und schnaubte sie selbst.« Dann legte er die Lichtschere vor sich hin und wollte Knebel unter gar keinen Umständen das Putzen erlauben. Dabei ließ er aber nun die Schnuppen so lang werden, »daß jener vor Ungeduld hätte vergehen mögen«, doch weh! – »alles Bitten, Schmollen und Grollen half nichts«. Goethe ließ keinen an die Lichtbutze ran!

Auch den Professor Riemer nicht, diesen schröcklichen Schnuppenputzer. Erst nach ganz, ganz langer Zeit der Prüfung und Belehrung, erst in den spätesten Jahren, wenn dieser bei ihm schrieb oder zum Vorlesen war, erst dann durfte er die Lichtbutze handhaben. Aber freilich nur an einem dritten Licht, das Goethe extra für ihn entzündet hatte; zusätzlich zu seinen beiden eigenen, die er immer abends, verräubert und verschnuppt, im Arbeitszimmer brennen hatte.

Bequemlichkeit und grüne Armsessel

Nicht nur die Kerzen-, auch die Möbelindustrie kann keine rechte Freude an Goethe gehabt haben. Hersteller bequemer Arm- und Ohrensessel, Konstrukteure großer Sitzmaschinen mit vollautomatischer Aufstehhilfe oder gar Vertreiber von multimodularen Komfort-Wohnlandschaften wären Goethe nicht ins Haus gekommen.

Einen frühen Donnerschlag versetzte er der Zunft der Inneneinrichter und Dekorateure, als er in »Hans Wursts Hochzeit« schrieb: »Einrichten! Meublieren! – Ihr könnt nicht anders sein! Meynt da wäre es euch besser darnach! –

Ich sag euch es ist dem Elenden wohler der in ein Papier scheisst mit seiner Famielie, und es nachts sehr feyerlich an eine Ecke trägt. Pirli! Pirli! Parli!«

Wer wollte da widersprechen? Das »höllische Frührot des bürgerlichen Komforts« (W. Benjamin) ließ er nicht leuchten über sich, und überhaupt hatte er, wie er gerne auch ungefragt mitteilte, zusammengezählt in seinem Leben »keine vier Wochen eigentliches Behagen« gehabt. Er schlief im Gartenhaus auf einem Feldbett aus Drell, Holz und Bindfaden, und über das Schlafzimmer im Haus am Frauenplan unterrichtet uns der Schauspieler Eduard Genast: »Sein Bett war nicht aus Mahagoniholz verfertigt und mit Goldleisten verbrämt, sondern bestand aus braungebeiztem weichen Holz, einer Matratze und gewöhnlicher Decken und Kissen. Außerdem befand sich in dem nur geweißten, einfenstrigen Kämmerchen noch ein alter Großvaterstuhl und ein dreibeiniges Ecktischchen, worauf ein Waschbecken von Steingut stand, ein großer Schwamm und die nötigen Reinigungsutensilien lagen; daneben hing an einem Nagel das Handtuch.«

Das mußte reichen und reichte auch in diesen Zeiten, da der Pißpott unterm Bette noch Luxus und Warmduscher noch Quark im Schaufenster waren. »Faul und untätig« zu werden durch prächtige Möbel: soweit kommt's noch, dachte Goethe.

Seine »Dachshöhle« verließ er, darin möglicherweise Hitler ähnlich, oft lange, ja tagelang nicht. »Sehen Sie dieses Zimmer und diese angrenzende Kammer«, ruft er uns zu, »in der Sie durch die offene Türe mein Bette sehen, beide sind nicht groß, sie sind ohnehin durch vielerlei Bedarf, Bücher, Manuskripte und Kunstsachen eingeengt, aber sie sind mir genug, ich habe den ganzen Winter darin gewohnt und meine vorderen Zimmer fast nicht betreten.« Die vollgemüllt waren mit den exquisitesten Antiquitäten und Kolossalbüsten, mit Porzellan- und Zinntellern, daß es nur so eine Art, er aber keinen Platz zum Wohnen hatte.

Als Eckermann einmal ins Zimmer trat, deutete Goethe etwas verächtlich auf einen grünen Armsessel, den er gerade auf einer Auktion erstanden hatte und bemerkte: »Ich werde ihn jedoch nur selten oder gar nicht benutzen, da alle Bequemlichkeit gegen meine Natur ist; ich sitze immer in meinem alten hölzernen Stuhl und habe erst seit einigen Wochen eine Art von Lehne für den Kopf anfügen lassen. Eine Umgebung von bequemen, geschmackvollen Möbeln hebt mein Denken auf und versetzt mich in einen behaglichen, passiven Zustand.« Kann man wohl sagen, denn noch passiver als bei seinem Tod hat man Goethe niemals mehr gesehen. Doch damals konnte er nicht ahnen, daß ihn seine Auflösung einmal just in diesem grünen Armsessel ereilen würde.

Wurstegal, Goethe war sowieso kein Freund von langem Sitzen. Er »bleibt stets in Bewegung«, berichtet uns stolz sein Sekretär und Akzessist Kräuter, »kennt weder Sofa noch Armsessel; und außer beim Mittagsmahle sitzt er des Tags keine Viertelstunde; immer für sich selbst sprechend, geht er in den Zimmern auf und ab oder beschäftigt sich sonst stehend«. Na, das nennen wir vorbildlich. Auf und ab und hin und her, das kostet zwar Sohlengeld, schont dafür aber die teuren Sitz- und Hockerbezüge.

Christiane Vulpius soll, beim ersten Betreten des Hauses, als sie des seltsamen Arbeitshockers mit dem Bocksattel ansichtig ward, auf dem die strahlende Sonne Weimars wie ein Affe auf dem Schleifstein die schönsten Werke der Weltliteratur zu dichten geruhte, höchlich erstaunt gewesen sein, und gefragt haben, ob er denn etwa während des Schreibens reite.

Andererseits hinderte den Hoftheaterdirektor Goethe die Abneigung des Privatmanns Goethe nicht, sich einen erhöhten Sessel ins Gestühl einbauen zu lassen, von welchem er die Beifallskundgebungen der Zuschauer mit sausenden Armbewegungen dirigierte. Und wer würde nicht gelb vor Neid (vor allem in Anbetracht der kargen Bettstatt!), wenn er von Theodor Heilborn hören muß, »daß Goethe, eben in allem ein Olympier, seine vollen 24 Stunden zu schlafen vermochte«?

Deutsche Eiche

In einem der gar nicht so seltenen Gespräche mit Eckermann kam dasselbe auch auf den neuesten Geschmack, ganze Zimmer in »altdeutscher und gotischer Art« einzurichten, auf dumpfe Gemütlichkeit und rustikales Behagen dadurch zu machen, daß man vorgebe, in einer veralteten Zeit zu wohnen. »In einem Hause, wo so viele Zimmer sind«, bemerkte Goethe zu dieser Scheußlichkeit, »daß man einige derselben leer stehen läßt und im ganzen Jahr vielleicht nur drei-, viermal hineinkommt, mag eine solche Liebhaberei hingehen, und man mag auch ein gotisches Zimmer haben, so wie ich es ganz hübsch finde, daß Madame Pankoucke in Paris ein chinesisches hat.

»Allein sein Wohnzimmer mit so fremder und veralteter Umgebung auszustaffieren, kann ich gar nicht loben. Es ist immer eine Art von Maskerade, die auf die Länge in keiner Hinsicht wohl tun kann, vielmehr auf den Menschen, der sich damit befaßt, einen nachteiligen Einfluß haben muß. Denn so etwas steht im Widerspruch mit dem lebendigen Tage, in welchen wir gesetzt sind, und wie es aus einer leeren und hohlen Gesinnungs- und Denkungsweise hervorgeht, so wird es darin bestärken.«

Brillen

Mindestens hohle, zumeist jedoch törichte, wo nicht sogar absonderlichste Denkungsweise vermutete Goethe unfehlbar in jedem bebrillten Kopfe. Die waren zu seiner Zeit (»Goethezeit«) gottlob noch nicht allzu sehr verbreitet. Aber wie wäre es dem Alten erst schwurmelig zumute geworden, hätte er einmal die Brillenfachmesse Optica besuchen oder Ilona Christens wöchentlich erneuerte Gesichtsdrahtverhaue betrachten dürfen.

»Es mag eine Wunderlichkeit von mir sein«, eröffnete er Eckermann am 5. April 1830, »aber ich kann es einmal nicht überwinden. Sowie ein Fremder mit der Brille auf der Nase zu mir hereintritt, kommt sogleich eine Verstimmung über mich, der ich nicht Herr werden kann [...] und die meine Gedanken so verdirbt, daß an eine unbefangene natürliche Entwickelung meines eigenen Innern nicht mehr zu denken ist. Es macht mir immer den Eindruck des bedeutend Desobligeanten, ungefähr so, als wollte ein Fremder mir bei der ersten Begrüßung sogleich eine Grobheit sagen. Ich empfinde dieses noch stärker, nachdem ich seit Jahren es habe drucken lassen, wie fatal mir die Brillen sind.«

Goethe, der Mensch mit den »Jupiteraugen« (A. Schopenhauer), hätte auch, so wie Hans Arp, von sich sagen können, der schönste Beruf sei der eines Sehmannes, eines Mannes, der in das Sehen unsterblich verliebt ist. Und was hat er, trotz einer leichten Kurzsichtigkeit, nicht alles gesehen! Dieses und jenes, Bauten, Bilder und Mamsellchen, ja jede Menge Zeugs. Und noch dazu gelesen! Alles ohne Eulenaugen und schlecht geputzte Spekuliereisen.

»Kommt nun ein Fremder mit der Brille, so denke ich gleich: er hat deine neuesten Gedichte nicht gelesen – und das ist schon ein wenig zu seinem Nachteil; oder er hat sie gelesen, er kennt deine Eigenheit und setzt sich darüber hinaus – und das ist noch schlimmer.« Wie man's auch anstellte, recht machen konnte man's ihm nicht. Wer mit einem Nasenfahrrad daherkomme, so argwöhnte er, der wolle »mit gewaffnetem Blicke« sein Gegenüber bis ins »geheimste Innere« prüfen und durchleuchten, während man selbst gegen den Vollverglasten nicht die geringste Chance habe. Beleidigt ließ er daher die Ottilie der »Wahlverwandtschaften« in ihr Tagebuch notieren: »Es käme niemand mit der Brille auf der Nase in ein vertrauliches Gemach, wenn er wüßte, daß uns Frauen sogleich die Lust vergeht, ihn anzusehn und uns mit ihm zu unterhalten.« Und für jeden, der des Lesens mit und ohne Brille kundig war, hatte er in dem Gedicht »Feindseliger Blick« notiert:

Ich rede kein vernünftig Wort
Mit einem durch die Brille.

Zwar durften die Brillenschlangen Varnhagen von Ense und Zelter in Goethes Gegenwart zumindest zeitweise ihrer unschönen Marotte frönen; über den Lyriker, Lehrer und Bibliothekar Wilhelm Müller (»Griechen-Müller«) jedoch urteilte Goethe ganz unversöhnlich: »Eine unangenehme Personage, süffisant, überdies Brillen tragend.«

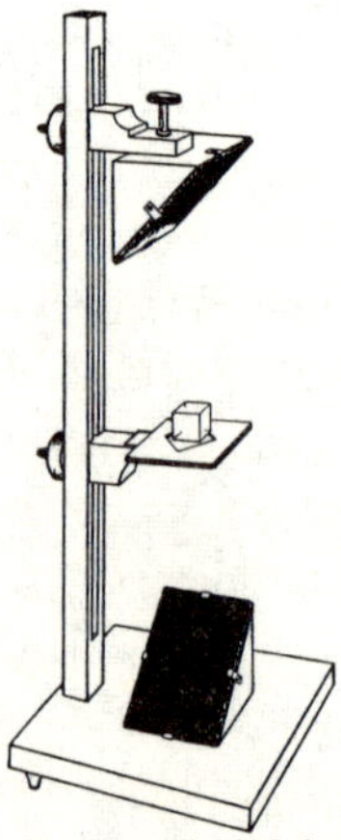

Abb. 1. Das entoptische Gestell Goethes.

machte uns großes Vergnügen, und ich sehe noch in der Erinnerung die langen Dinger dichtgereiht über dem Schreibtische hangen.«

Wer's mag. Gemüse wurde gern gesehn, er servierte der Frau von Stein auch bisweilen Spargel, den er selbst gestochen und im Ziehbrunnen gewaschen hatte, und die Liebe zu oder vielleicht sogar mit ihr (»ich habe von seinem Spargel gegessen«) ging nicht zuletzt eben auch durch den immer wieder aufzufüllenden Magen: »Ich muß Ihnen noch einen Danck für das Wurst Andencken und eine Gute Nacht sagen.«

Wenn die Zwiebeln alle waren, wurden an ihrer Statt Trauben online durchs Geviert gehängt, wie die ehemalige Bedienstete Amalie Näther zu berichten weiß, aber so sehr er auch Früchte mochte – von Kirschkernen hielt Goethe überraschenderweise nicht viel. Eigentlich überhaupt nichts. »Kirschkerne wird niemand kauen; man kann sie verschlucken, doch nicht verdauen.« Und eben mal auffädeln und ins Zimmer hängen schon gar nicht.

Nußknacker aus Goethes Besitz

Wir sehen: Wer schon früh mit Frankfurter Kranz und Frankfurter Grüner Soße traktiert und erzogen wurde, dem schmeckte später, bis auf wenige Ausnahmen, fast nichts:

»Er liebte vorzugsweise Fische, Fleisch, Mehlspeisen, Kuchen und Süßigkeiten.« (Dr. Vogel) Da bleibt dann nicht mehr viel. Folglich gingen ihm Anis und manche doldentragenden Pflanzen wie Petersilie und Kümmel ganz unaussprechlich auf den Sack, der stinkichte Knoblauch affizierte ihn sogar krankhaft, und mit Heißgetränken tat er sich auch nicht leicht. Gell, Dr. Vogel? Genau: »Kaffee, und zwar mit Milch, trank er nur zum Frühstück. Nach der Mahlzeit genossen, verursachte ihm derselbe von Jugend an Beängstigungen.«

Der verhaßte Basalt-Mohrenkopf

Als Süßspeise hätte er Mohrenköpfe wohl gemocht, allein als geologisches Phänomen waren sie ihm vom tiefsten Erdgrunde herauf verhaßt. Aber total.

Sein Leben sah er als »das ewige Wälzen eines Steines an, der immer von neuem gehoben sein wollte«. 1832 besaß Goethe 17 800 Steine in seiner Sammlung, ganz besonders schätzte er den Granit als das »Gegenbild zum menschlichen Herzen«. Deshalb hätte er die Frankfurter Gaststätte »Basalt-Eck« nie im Leben aufgesucht.

Das dunkle Ergußgestein Basalt, diese erstarrte Leibesfrucht unserer brodelnden Erdmutter, Korrelat des Tiefengesteins Granit, traf allerweil und allerorten der Bannstrahl des geballten Goetheschen Unmuts. Verdammt noch mal! – diese verfickte »Schöpfung durch Feuer«, diese verfluchten »basaltischen Säulen«, die waren ihm ums Verrecken nicht genehm! Wie ihm überhaupt diese ganze Bande der »Plutonisten« verhaßt war, die da frech behaupteten, unsere Gebirge und Gesteine seien durch Feuersglut im Erdinnern entstanden. Dieser lodernde Unsinn! Diese triumphalen Schwachköpfe!

Als überzeugter Neptunist konnten Fels und Kontinente

für ihn nur durch Ablagerung aus dem mählich zurückweichenden Ur-Ozean entstanden sein. Oder so ähnlich oder was, irgendwie so wird's schon gewesen sein. Da scheute er sich auch keineswegs, auf Spaziergängen, wenn er des Basaltes plötzlich gewahr wurde, mit dem Spazierstock kräftig darauf einzuschlagen und erbittert zu schreien: »Da streckt schon wieder der verfluchte Basalt seinen Mohrenkopf aus der Erde!«

Mit Recht schickte er sich also an, in den »Zahmen Xenien« gleich den ganzen Kontinent Amerika zu verherrlichen und seine alsbaldige Auswanderung dorthin anzukündigen – weil es dort keine Basalte gab. Glaubte er.

Amerika, du hast es besser
Als unser Kontinent, das alte,
Hast keine verfallene Schlösser
Und keine Basalte.

Frecherweise ist Amerika voll von Basalten, wie man heute weiß. Ein weiterer Beweis dafür, wie unregierbar letztlich dieses Land ist. Aber der Gesteinsexperte Goethe hatte sich nun einmal im eifrigen Gefecht zwischen Neptunisten und Plutonisten auf die Seite des Wissenschaftlers Abraham Gottlob Werner gestellt, der an der Bergakademie des sächsischen Silberstädtchens Freiberg jene Geologenansicht vertrat, die die Langsamkeit der Erdrindenentwicklung betonte – weil letztere sich unterm mäßigenden Einfluß des Wassers vollzogen habe. Goethe war »jedes Gewaltsame, Sprunghafte in der Seele zuwider«, also war es klar, daß er einen eruptiven Irrsinn wie den der Plutonisten mit aller Verachtung strafte, die einem angesehenen Möchtegerngelehrten wie ihm zustand. Dreimal hatte er als Italientourist schon den Vesuv bestiegen, bei jedem Wetter, und jedesmal, wenn er oben ankam, schaute er grimmig kraterwärts und betrachtete das »Zischen und Qualmen des Höllenbrudels«. Kopfschüttelnd.

Klare Sache, daß also auch Mephisto im Faust höchstpersönlich die plutonistische Sache vertritt:

Die Hölle schwoll von Schwefelstank- und säure:
Das gab ein Gas! das ging ins Ungeheure,
So daß gar bald der Länder flache Kruste,
So dick sie war, zerkrachend bersten mußte.

Aber in Wirklichkeit, so meinte Goethe, ist »Alles aus dem Wasser entsprungen, Alles wird durch das Wasser erhalten«. Bei jeder sich bietenden Gelegenheit ließ er »geistige Blitze und Donnerschläge« gegen die lächerlichen Irrtümer der Plutonisten niederfahren. »Die Sache mag sein, wie sie will, so muß geschrieben stehen, daß ich diese vermaledeite Polterkammer der neuen Weltschöpfung verfluche.« So steht es im »Entwurf zu einer Einführung in geologische Probleme«, den er schrieb, weil »die Nachwelt wissen soll, daß doch wenigstens ein gescheiter Mann in unserem Zeitalter gelebt hat, der jene Absurditäten durchschaute«.

Wenn man zu Weimar am Frauenplan stand, konnte man an manchen Tagen, wenn es ruhig war und der Verkehr nicht gar zu sehr tobte, aus einem gewissen Hause ein wie verlorenes, aber doch deutlich hörbares Rumpeln und Rumoren vernehmen. Da polterte ein dichtender Vulkan: »Wenn Alexander Humboldt und die anderen Plutonisten mir's zu toll machen, werde ich sie schändlich blamieren; schon zimmere ich Xenien genug im Stillen gegen sie.«

Und dem Herrn Bergrat Lenz widmete er sogar ein Gedicht, das mit den Worten »Erlauchter Gegner aller Vulkanität!« anfängt. Dies wollen wir aber füglich überblättern und uns einem anderen zuwenden, ohne Zweifel einem seiner lyrischen Meisterwerke, ein Klein-, ja fast schon Großod dichterischer deutscher Basaltverdammung, das er just zu dem Zeitpunkt schrieb, als sich die unsäglich verfehlte Theorie der Plutonisten europaweit durchzusetzen begann und eine bis dato nie gekannte Granitverachtung einsetzte:

Wie man die Könige verletzt,
Wird der Granit auch abgesetzt,
Und Gneis, der Sohn, ist nun Papa!
Auch dessen Untergang ist nah:
Denn Plutos Gabel drohet schon
Dem Urgrund Revolution;
Basalt, der schwarze Teufelsmohr,
Aus tiefster Hölle bricht hervor,
Zerspaltet Fels, Gestein und Erden,
Omega muß zum Alpha werden.
Und so wäre denn die liebe Welt
Geognostisch auf den Kopf gestellt.

Arbeit und Soziales

Zeitungen, in denen alles »Offizielle geschraubt, das übrige platt« berichtet und dargelegt wurde, lehnte der Journalistenfeind Goethe ebenso radikal ab wie jede andere schlecht gemachte Arbeit: »Ich hasse alle Pfuscherei, wie die Sünde, besonders aber die Pfuscherei in Staatsangelegenheiten, woraus für Tausende und Millionen nichts als Unheil hervorgeht.«

Aber nicht nur die großen Staatsangelegenheiten, auch die kleinsten Dinge konnte sein Zorn erreichen, da war kaum was vor ihm sicher: »Als Eigenart Goethes erwähnte seine Schwiegertochter, daß er es nicht leiden konnte, daß Damen abends in seiner Gegenwart sich mit Handarbeiten beschäftigten.«

Wenn das doch nur alles gewesen wäre! Aber neben den Handarbeiterinnen fielen auch noch andere Berufsgruppen seinem Zorn anheim. Hören wir zur Abwechslung einmal den Heidelberger Universitätsprofessor Heinrich Voß:

»Goethe sprach im Zorn über die weimarischen Schlächter, dann kam er auf die Schneider, die an Fahrlässigkeit den Schlächtern in nichts nachstanden, und endlich auf die Buchbinder«, deren lausige Arbeit er besonders verdammte: »Ich will die Lumpenhunde einmal alle zuhauf treiben und ihnen eine Strafpredigt halten.« Nur sollen sich die Buchbinder bitteschön nicht einbilden, sie seien was Besseres als die Buchhändler, die nämlich »sind alle des Teufels; für sie muß es eine eigene Hölle geben«.

Und auch die Vogelsteller kriegen ihren Teil ab:

Pickt und kratzt und krammt und hacket,
Bohrt und krallet den verwegnen,
den verfluchten Vogelstellern
Ungesäumt die Augen aus!

Kein Wunder, daß bei all dem Furor die Jurisprudenz gleich mit erledigt wird, und zwar von Dr. jur. J. W. v. Goethe höchstpersönlich: um diese nämlich stehe es nicht zum besten, sie ist bekanntlich bloß »ein Wissen um Gesetze, die sich ewig forterben«. Genau. Und die Geschichtswissenschaft steht ihr offensichtlich nicht nach, da er sie sowohl »ein Buch mit sieben Siegeln« als auch ein »Kehrichtfaß« und dazuhin eine »Rumpelkammer« nennt. Zu Recht. Die Weltgeschichte war eben nichts weiter als ein »Klatsch«, die Reformation hingegen dünkte ihm eher ein »verworrener Quark« – der leider »uns noch täglich zur Last fällt«.

Lärm

An Goethes Haus am Frauenplan hing einstmals dieses Schildlein dran: »Teppichklopfen nur Freitags von 9 bis 1 erlaubt.«

Das war Weimar. In Karlsbad dagegen störten ihn die Hufe der Pferde der Abreisenden. Auf der Campagne in Frankreich hielt sich Goethe beim Donnern der Haubitzen die Ohren zu und schnitt klägliche Gesichter. Im Frühjahr 1813 floh der ehemalige Leiter der großherzoglichen Kriegskommission vor dem Kriegslärm im Weimarschen nach Teplitz. Das Schnarchen erklärte er für die ungeselligste aller menschlichen Eigenschaften. Die krächzende Stimme Schillers war ihm unerträglich, besonders, wenn er im eklen schwäbischen Dialekt lange Passagen aus der »Kritik der reinen Vernunft« vortrug. Ebenso natürlich sowieso das Gebell tumultuierender Köter.

Und wenn die lieben Kinder, diese »holden Arschgesichter« (E. Henscheid), diese »tollen Kobolde« (J.W. Goethe) im Hause Haschemännchen spielten und gickelten und gakkelten, schickte er einen Diener vor, der dann »zornfunkelnd schrie: Der Geheimbderat könne den verfluchten Spektakel nicht länger ertragen!« So erzählt der betroffene Karl Gustav Moltke aus eigenem Erleben in seinem opus eximium »Goethe-Reminiszenzen«.

»Ich wohne der Kirche gegenüber«, wehklagte er gegenüber der Frau von Stein, »das ist eine schreckliche Situation für einen, der weder auf diesem noch auf jenem Berge betet, noch vorgeschriebne Stunden hat, Gott zu ehren. Sie läuten schon seit früh und orgeln, daß ich aufhören muß; denn ich kann keinen Gedanken zusammenbringen.« Wenigstens aber reichte es noch für die Quintessenz des kleinen Gedichtleins »Chronika«:

Drauf akademisch ward mir gleich
Ein herrlich Welt- und Geisterreich,
Bei stiller Kerze Schimmer.
Ich hört' ein Jodeln: Jo da! ho!
Potz Leipzig! und potz Waterloo!
Studenten brüllen immer.

Gegen das Brüllen sowieso, aber auch gegen das Jodeln war Goethe eingestellt. Die Loriotsche Jodelschule hätte niemand aus seiner Umgebung besuchen dürfen, selbst die Künste des Jodlerkönigs Franzl Lang wären derb zurückgewiesen worden. An einem Sonntag, rein rechnerisch dem 15. Juni 1828, taucht im Weichbild Weimars ein gewisser Herr Seidel samt einer Horde Tiroler auf, die Goethe gerne etwas vorjodeln wollen. Von umsichtigen Hilfskräften werden sie wohlweislich in gehörigem Abstand vom Alten gehalten. Sie müssen sich im Gartenzimmer aufstellen und dürfen nur aus der Ferne.

»Das Gejodel der heiteren Tiroler behagte uns jungen Leuten«, teilt Eckermann zufrieden mit, doch Goethe ist weniger entzückt: »Wie Kirschen und Beeren behagen, muß man Kinder und Sperlinge fragen.«

Und da traute sich doch tatsächlich ein dahergelaufener Restaurateur, den Bau einer Kegelbahn in der unmittelbaren Hausnachbarschaft zu beantragen! Goethe kämpft auf allen Kanälen und mit allen Kräften gegen dieses unsittliche Vorhaben, ebenso wie er mit zahllosen Beschwerdebriefen Einspruch erhebt gegen einen Leineweber, dessen Tag und Nacht dumpf vor sich hin hämmernder und ratternder Webstuhl ihn unerträglich ennuyiert.

Und zu verschärfter Beweisführung zwingt: »Wie stark die Erschütterung sey zu zeigen, gehören feinere Experimente dazu. Man stelle z.B., wenn die verschiednen Stühle im Gange sind, in das Zimmer, das Prof. Meyer bewohnt, ein Gefäß mit Wasser auf den Fußboden und man wird die anhaltende Erschütterung der leichtbeweglichen Oberfläche entdecken. Ich habe zwar den Versuch nicht gemacht, denn ich wollte nichts vornehmen, was mir den Zustand noch hätte verdrießlicher machen können. Allein das weiß ich, daß wenn ich Abends im grünen Saale unter dem Gespräch, ohne an etwas zu denken, wider einen

Türpfosten mich anlehnte, daß ich die Erschütterung fühlte.«

Erschütternd!

»Wer den Lärm duldet, ist schon eine Leiche«, dieser Aussage Guido Ceronettis wäre Goethe unbedingt beigetreten, ebenso wie der »Anti-Lärm-Liga« des Philosophen Theodor Lessing, dessen Kampfschrift »Der Antirüpel. Recht auf Stille« aus dem Jahre 1908 er gewißlich in den höchsten Tönen gelobt gehabt haben täten würde, wenn sein Kampf gegen Tumult und sinnloses Gekreisch nicht schon mit dem knöchernen Pochen von Freund Hein beendet geworden gewesen äh … ja: wäre.

Diverses und das Gegenteil

Menschen, die den ganzen Tag über Kopfweh klagten, mochte er nicht in der Umgebung dulden, ebensowenig wie er aus Weiberkehlen hervorkreuchendes »Wochen- und Kunkelstubengeschnatter« leiden konnte. Selbstverständlich waren ihm auch Reliquien suspekt, er verachtete diese »leblosen Lappen«, erging sich ferner in Scherz und Schimpf gegen die neuen Sekten, besonders die christkatholische, aber auch gegen die »neukatholische Sentimentalität«, den »klosterbrudrisierenden Obskurantismus« und die religiöse Schwärmerei überhaupt. »Nun kommen die Kerls und machen einen Dunst, das hole der Teufel«, donnerte Zeus Goethe gegenüber Sulpiz Boisserée.

Wer da um Gnade bettelte, hatte schon verloren, denn, so steckt uns mal wieder Dr. Vogel, es »war ihm gewöhnliche Bettelei und ungehörig erzwungene Wohltätigkeit in hohem Maße zuwider«. Ihn verstimmte schlechterdings alles Häßliche und Düstere (»Es verdirbt mir die Phantasie auf lange Zeit«), folglich strebte Goethe »vorsichtig und fortwährend« (Dr. Vogel), unerfreuliche Nachrichten von sich abzuhalten.

Obwohl er sehr neugierig war, diesen Wesenszug an anderen jedoch sehr verachtete: »In einem Haus an der Ackerwand, hinter Goethes Hausgarten, war Feuer ausgebrochen«, plaudert die Mamsell Näther aus dem Nähkästchen. »Da lief die junge Waschfrau, welche gerade in Goethes Hause beschäftigt war, zur Gartentür hinaus, um das Schauspiel mit anzusehen. Aber der alte Herr rief zum Fenster hinaus: ›Willst du wohl dableiben, du kleine sakramentische Ratte! Überall muß das neugierige Volk dabei sein, und das Maul aufsperren!‹«

Zurückgeben entliehener Gegenstände

Es widerstrebte Goethe vom Innersten her, entliehene Gegenstände zurückzugeben. Zahlreiche Bibliotheken, so wird glaubhaft berichtet, hatten Mühe, ihre Bücher, die er sich für seine Forschungen hatte kommen lassen, wieder an Ort und Stelle zu bekommen. Ähnlich wie den geplagten Bibliothekaren erging es auch Karl Ludwig Knebel, der zu Goethes Anfangszeit in Weimar dem frisch zugezogenen Kunstsammler einhundert wertvolle Dürer-Stiche zur wohlgefälligen Betrachtung überließ – und ca. 35 Ewigkeiten auf deren Zurückgabe wartete.

Und wie sah es mit Büttners optischen Instrumenten aus? Ging's da vielleicht ein bißle flotter?

Dem Goethe hatte nämlich Hofrat Büttner eines Tages nichtsahnend einige Prismen samt Holzetui ausgeliehen und des öfteren mit brieflichen Ermahnungen versucht, wieder in den Besitz der Apparate zu gelangen. Goethe machte jahrelang gar keinen Gebrauch von den Instrumenten und ließ sie unbeachtet in irgendeiner Schublade vor sich hingammeln. Endlich schickte Büttner einen Diener, der sich um keinen Preis abweisen lassen sollte und nur mit den Prismen beladen heimkehren durfte. Sonst gnade ihm Gott.

Der Diener klopft, wird vorgelassen, Goethe holt den Kasten, doch da wirft er doch noch eben schnell einen Blick durch eins der Dinger. In Goethes eigenen Worten: »Eben befand ich mich in einem völlig geweißten Zimmer; ich erwartete, als ich das Prisma vor die Augen nahm, eingedenk der Newtonischen Theorie, die ganze weiße Wand nach verschiedenen Stufen gefärbt, das von da ins Auge zurückkehrende Licht in so viel farbige Lichter zersplittert zu sehen.«

Doch dem ist nicht so. »Wie verwundert war ich, als die durchs Prisma angeschaute weiße Wand nach wie vor weiß blieb, daß nur da, wo ein Dunkles dranstieß, sich eine mehr oder weniger entschiedene Farbe zeigte.«

Ja und? Wo bleibt jetzt das Prisma, auf das die Herrschaft so dringlich hofft? »Es bedurfte keiner langen Überlegung, so erkannte ich, daß eine Grenze notwendig sei, um Farben hervorzubringen und ich sprach wie durch einen Instinkt sogleich vor mich laut aus, daß die Newtonische Lehre falsch sei.«

O Nachtigall, wir hörn dir trappsen!

Napoleon hatte die Französische Revolution geerbt, Friedrich der Große den Schlesischen Krieg, Luther die Finsternis der Pfaffen und Goethe eben auf diese Weise den kolossalen Irrtum der Newtonischen Lehre.

Goethe schließt den Bericht: »Nun war an keine Zurücksendung der Prismen mehr zu denken.« Natürlich, wer hätte auch anderes erwartet. Der Büttnersche Dienstbote sah in die Röhre – und sein Herr die Prismen niemals wieder.

Da verlief der Fall der gestohlenen Weißgoldstange doch wesentlich erfreulicher, erstaunlicherweise für beide Seiten, die gebende und die einbehaltende.

Der Chemiker Döbereiner, der mit Goethe in lebhaftem Verkehr stand, hatte vom russischen Zaren eine große Stange Platin verehrt bekommen. Der englische Goethe-Biograph Lewes berichtet, daß im Zusammenhang mit diesem wertvollen Gerät in Deutschland und England Gerüchte »in sehr abgeschmackter und sehr kränkender Form« verbreitet wurden. »Goethe soll eine Stange Gold gestohlen haben«, pfiffen es die lästermäuligen Spatzen von den Dächern. Also kümmerte sich Detektiv Lewes um die Aufklärung der Klatschgeschichte.

Döbereiner hatte die Stange in treuem Glauben in Goethe an Goethe gegeben, »der sie prüfen, Versuche daran machen und sie dann wieder an Döbereiner in Jena schicken sollte«. Jedoch: »Goethe, der für Mineralien bekanntlich eine wahre Leidenschaft hatte, stellte sie zu seinen liebsten mineralogischen Schätzen, freute sich an ihrer Betrachtung und konnte sich endlich nicht mehr davon trennen.«

Der rechtmäßige Besitzer wurde ungeduldig und schrieb sich die Finger wund, um seine Stange wiederzubekommen. Keine Antwort.

»Goethe verschob die Absendung weiter und weiter; endlich verlor Döbereiner die Geduld und beschwerte sich beim Großherzoge.« Carl August aber kannte seinen Pappenheimer und lachte bloß: »Laßt den alten Esel in Ruhe! Ihr bekommt's doch nie von ihm. Ich will den Kaiser um eine andere Platinastufe bitten.«

So wurde der »Zar aller Reußen« in Moskau zum Lückenbüßer für den »Vater der 50 000«, wie Karl May den Alten in Weimar wegen seines ungeheuren Wortschatzes nannte. Und mußte eine weitere Platinstange herausrücken.

Hunde
(auch Weltgesindel)

Ihr ahnt es schon, Hunde: Mit euresgleichen muß nun auch einmal eine Aussprache anberaumt werden, sogar eine sehr ernste. Jetzt geht's euch an den Napf und auch ans Leder! Das forderte Eckhard Henscheid schon vor Jahrzehnten bezüglich der »Mistkrüppel«. Doch geschehen ist seither wenig, fast nix. Obwohl die Gegner der kläffenden und kakkenden Kreaturen nun wirklich alle Argumente auf ihrer Seite haben.

Oberster Ehrenpräsident bei einem Kongreß wider die Hundeplage wäre Goethe. Denn Goethe hat gegen die Hunde einiges recht Erhebliche beizutragen. Bekannt ist, daß er die Viecher nicht hat leiden mögen; er besaß von Natur aus eine gesunde Antipathie wider das vierbeinige sabbernde Flohtransportwesen. In der Kindheit schnappte er einen Spruch auf, der ihn sein ganzes Leben gruseln machte:

Ein Schreckgespenst geht durch das Land,
die alte böse Kugelmand.
Sie lockt dich in ihr großes Haus
und rupft dir die Gebeine aus.
An Menschenfleisch fast hundert Pfund
frißt jeden Tag ihr großer Hund.

Als Goethe einmal dem immer recht neugierigen Johannes D. Falk, dem Dichter des »O du fröhliche«, seine schwer abgefahrene Theorie der Monaden in voller Länge darlegen wollte, ließ sich auf der Straße mit seinem Gebell ein Hund vernehmen. Zu wiederholten Malen.

Jawohl, ein Hund!

Ausgerechnet während des eminent wichtigen Vortrags! Goethe fuhr mit Heftigkeit ans Fenster und rief ihm entgegen: »Stelle dich, wie du willst, Larve, mich sollst du doch nicht unterkriegen!« Patsch, Fenster zu! Ratsch, Vorhänge zu!

Höchst befremdend vielleicht für Menschen, die den Zusammenhang Goethescher Ideen nicht kennen; in Wirklichkeit aber ein zugleich humoristischer und dennoch die freche Einmischung adäquat zurückweisender Einfall. Zur rechten Zeit am rechten Ort hinausgepfeffert.

»Dies niedrige Weltgesindel«, nahm er nach einer Verschnaufpause und ein klein wenig beruhigter wieder das Wort, »pflegt sich über die Maßen breitzumachen; es ist ein wahres Monadenpack, womit wir in diesem Planetenwinkel zusammengeraten sind, und möchte wenig Ehre von dieser Gesellschaft, wenn sie auf andern Planeten davon hörten, für uns zu erwarten sein.«

Ein Wahrwort, je und je, heutzutage erst in seiner ganzen, großen, fürchterlichen Ernsthaftigkeit erkennbar angesichts völlig unberechenbarer Kampfautomaten wie Mastinos, Bandogs, Bullterrier, Pitbulls und Bullmastiffs, im Stadtpark und auf dem Kinderspielplatz lässig an der Leine gehalten von Graf Rotz mit schillerndem Jogginganzug und Goldkettchen am Hals, aber ohne Maulkorb.

Goethe muß diese Entwicklung vorausgeahnt haben. Sein ganzes Hofleben lang erwehrte er sich mühsam der Tölen seines jagdbesessenen Herzogs und versuchte, so gut es eben ging, die schamlos hingesetzten Hundehaufen zu umgehen.

Aber Goethes faustische und allzeit bärbeißig ihm von den Lippen gehende Aufforderung »Knurre nicht, Pudel!« fruchtete natürlich nicht. Im Gegenteil: Ein blöder dressierter Pudel brachte ihn sogar als Weimarer Theaterdirektor zu Fall. Ein reisender Schauspieler hatte angefragt, ob man ihm wohl die Hoftheaterbretter für ein von ihm inszeniertes Stück mit dem Titel »Der Hund des Aubry« überlassen könne. Hauptdarsteller: ein Pudel! Und das, obwohl Direktor J. W. G. als ehernes Gesetz erlassen hatte, daß nie und nimmer ein Hund auf die Bühne seines Theaters kommen dürfe. So lehnte er das Ansinnen selbstredend rundheraus ab. Die glotzäugige Goethe-Feindin Karoline von Jagemann, des Herzogs Mätresse, witterte eine Chance und setzte sich beim hundefreundlichen Landesherrn intrigant für den Varieté-Pudel ein. Ergebnis: der »Hund des Aubry«, das miserable Miststück, durfte Triumphe feiern und Goethe reichte resigniert seine Demission ein.

»Und seines Bellens lauter Schall beweist nur, daß wir reiten!« hatte der Dichter in seiner Weisheit, sich Mut zusprechend, vom bellenden Spitz geschrieben. Doch die Niederlage gegen das Weltgesindel war unausweichlich. Des Hundehassers unbedingte Abneigung wurde vielmehr von etlichen Gegnern genutzt, um ihn weidlich an einer empfindlichen Stelle zu kitzeln und noch nach seinem Ableben zu demütigen. Grabbe in gesteigerter Bosheit: »Goethe ließ sich leider gerne die Hand belecken, auch von Schooshündchen.« Und Peter Hacks faßte Achim von Arnims Position in zwei Reimzeilen zusammen:

Und Goethe, sagt er, unterwirft sich hündisch
Dem fremden Joch und fühlt nicht tugendbündisch.

Jean Paul Friedrich Richter, Besitzer eines Hundchens namens Ponto, der Goethe verschiedentlich zum Ärgernis gereichte, behauptete »Die Hunde sind die Nachtigallen der Dörfer« und faßte die Idee zu einer umfangreichen »Vertheidigung der Hunde gegen Göthe«. Ruchloser trieb es nur noch der Faust-Parodist Friedrich Theodor Vischer, der sich zu der Hinterhältigkeit verstieg: »Goethes ›Hermann und Dorothea‹ wäre ein Dichtwerk, dem man das Prädikat der Vollkommenheit zuerkennen müßte, wenn nicht einer darin fehlte: ein Hund.« Zu Recht wurde daher sein vielbändiges Hauptwerk, die »Ästhetik«, nur von einem höchstens halben Dutzend verwirrter Gelehrtengeister zur Kenntnis genommen.

Ein Postbote war sicher nicht darunter. Wer bedenkt, daß allein, wie der »Spiegel« am 29. März 1999 meldete, im Vorjahre sage und schreibe 3468 Briefträger von Hunden angefallen und gebissen wurden, muß einfach Goethe zur Seite treten: »Wundern kann ich mich nicht, daß Menschen die Hunde so lieben, denn ein erbärmlicher Schuft ist wie der Mensch so der Hund.«

Hochdruck, Hochkunst etc.

»Nichts ist schwerer zu ertragen, als eine Reihe von schönen Tagen«, diktierte ein schwitzender Goethe seinem Schreiber und kam schon kurze Zeit später auf den Trichter, daß jedoch das »Fürchterlichste ist, wenn platte, unfähige Menschen zu Phantasten sich gesellen«. So ist es. Und wollte etwa, sagen wir mal um 1830, wollte da etwa jemand ins Unbedingte streben? Ja? Dann laßt euch dies gesagt sein, ihr Unbedingtheitsstreber: »Es ist nichts trauriger anzusehen als das unvermittelte Streben ins Unbedingte in dieser bedingten Welt; es erscheint im Jahre 1830 vielleicht ungehöriger als je.« Auch die dramatische Dichtkunst kriegt ihre längst fällige Abreibung: »Ich habe es oft gesagt und werde es noch oft wiederholen, die causa finalis der Welt- und Menschenhändel ist die dramatische Dichtkunst. Denn das Zeug ist sonst zu absolut nichts zu gebrauchen.«

Tabak und Bier

Am 21. August 1822 sagte Goethe, wie wenn er sich vor der Weltgeschichte hätte rechtfertigen wollen: »Ich habe keinen Tabak geraucht, nicht Schach gespielt, kurz nichts betrieben, was die Zeit rauben könnte.« Philip Morris, Peter Stuyvesant, Zino Davidoff, das HB-Männchen – Goethe hätte sie alle als »vermaledeite Rattenfänger« beschimpft und zur Strafe in die Raucherecke gestellt.

Und wärst du auch am fernsten Ort,
Zur kleinsten Hütte durchgedrungen,
Was hilft es dir? du findest dort
Tabak und böse Zungen.

Daß Rauchen schlank mache, hat Goethe nie behauptet – warum auch? Dick war er ja selber und Zigarettenautomaten gab es noch keine. Dafür aber seine böse Zunge: »Das Rauchen macht dumm; es macht unfähig zum Denken und Dichten. Es ist auch nur für Müßiggänger, für Menschen, die Langeweile haben, die ein Dritteil des Lebens verschlafen, ein Dritteil mit Essen und Trinken und anderen notwendigen oder überflüssigen Dingen hindudeln und alsdann nicht wissen, obgleich sie immer vita brevis sagen, was sie mit dem letzten Dritteil anfangen sollen. Für solche faule Türken ist der liebevolle Verkehr mit den Pfeifen und der behagliche Anblick der Dampfwolke, die sie in die Luft blasen, eine geistvolle Unterhaltung, weil sie ihnen über die Stunden hinweghilft.«

Sein Zorn verrauchte nur wenig, wenn ihm die Helmut Schmidtsche Unart des Schmalzlerschnupfens unterkam, dazu fiel ihm nicht viel »Gescheutes« ein, »es ist eine Schmutzerei«, sagt er. Aber den Tabak nimmt er an erster Stelle in ein Quartett des Abscheus auf:

Vieles kann ich ertragen. Die meisten beschwerlichen Dinge
Duld ich mit ruhigem Mut, wie es ein Gott mir gebeut.
Wenige sind mir jedoch wie Gift und Schlange zuwider,
Viere: Rauch des Tabaks, Wanzen und Knoblauch und †.

Gegenüber seinem Urfreund Karl Ludwig Knebel bemerkt er: »Und was kostet der Greuel? Schon jetzt gehen fünfundzwanzig Millionen Taler in Deutschland in Tabaksrauch auf, die Summe kann auf vierzig, fünfzig, sechzig Millionen steigen. Und kein Hunger wird gesättigt und kein Nackter gekleidet. Was könnte mit dem Gelde geschehen! Aber es liegt auch im Rauchen eine arge Unhöflichkeit, eine impertinente Ungeselligkeit. Die Raucher verpesten die Luft weit und breit und ersticken jeden honetten Menschen, der nicht zu seiner Verteidigung zu rauchen vermag. Wer ist denn imstande, in das Zimmer eines Rauchers zu treten, ohne Übelkeit zu empfinden? Wer kann darin verweilen, ohne umzukommen?«

Eine gescheite Antwort fiel Knebel nicht ein, lediglich eine beleidigte Retourkutsche: »Aber dafür zieht er sich Eau de Cologne und anderes spirituoses Zeug in die Nase hinein.«

Da wir den alten Rauchverzehrer nun aber schon beim Wettern haben, lassen wir ihn auch noch gleich einen Gutteil seiner gewaltigen Bier-Verachtung abdrücken. Er, der einen starken Trunk bzw. einige Hektoliter Würzburger Tischweins stets über die Maßen zu schätzen wußte: »Zum Rauchen gehört auch das Biertrinken, damit der erhitzte Gaumen wieder abgekühlt werde. Das Bier macht das Blut dick und verstärkt zugleich die Berauschung durch den narkotischen Tabaksdampf. So werden die Nerven abgestumpft und das Blut bis zur Stockung verdickt. Wenn es so fortgehen sollte, wie es den Anschein hat, so wird man nach zwei oder drei Menschenaltern schon sehen, was diese Bierbäuche und Schmauchlümmel aus Deutschland gemacht haben. An der Geistlosigkeit, Verkrüppelung und Armseligkeit unserer Literatur wird man es zuerst bemerken, und jene Gesellen werden dennoch diese Misere höchlich bewundern.«

Daß die von Goethe patentierte »Weltliteratur« und zumal die nationale nicht gar zu sehr geistlos verkrüppele, dazu hat er selbst vieles beigetragen. Literarische Stümper, Dilettanten und Totelversager wie Jean Paul, Kleist, Uhland, Kotzebue, die Romantiker usw. usf. hat er schonungslos und mit nur ganz wenig Rücksicht auf seinen eigenen Ruf entlarvt, andererseits aber auch unbestreitbare Talente entdeckt und nach Kräften gefördert. Auch wenn er inhaltlich mit ihnen nicht die Bohne d'accord ging.

Bestes Beispiel: Johann Konrad Grübel, ein Nürnberger

Klempner und Bratwurstbesinger, in dem Goethe klipp und klar einen »Volksdichter« erkannte, »dem man Genie und Talent nicht absprechen kann«. Grübels fränkische Mundartgedichte, die wohl verdienen, »neben den Hebelschen gegenwärtig genannt zu werden« und »welche die verschiedenen Genüsse, als Kaffee, Branntewein und dergleichen anpreisen«, kann der latente Kaffee- und Brannteweinverächter Goethe gar nicht genug loben. Ja, welch Genius muß da zugange sein, wenn sogar der gigantische Glimmstengelgegner Goethe konzidiert, daß in Grübels Gedichten »Schnupf- und Rauchtabak mit besonders großer Liebe« behandelt sind? Vom verhaßten Gerstensaft ganz zu schweigen!

Aber hören wir, in aller zumutbaren Länge und gebotenen Kürze, den Goethe-Bezwinger Grübel selbst:

DER RAUCHTABAK

Su bald ih fröih vom Schlauf erwach,
Souch ih mei Pfeifla scho;
Und Oabends, wenn ih schlauf'n geih,
So hob ih's Pfeifla noh.
Denn wos ih denk und treib'n will,
Und alles wos ih tou,
Dös geiht mer alles niht su gout,
Mei Pfeifla mouß derzou.

(...)

Wenn ih a Böier trink'n sollt,
Und rauchet niht derzou,
Ih könnt ka Mauß niht trink'n ih,
Su langa offt niht zwou.
Und wenn ih fröih mein Kaffee trink
Und zünd mei Pfeifla oh,
Dau glab ih, daß ka Mensch leicht
Wos Bessers hob'n koh.

Das Publikum

Hat Goethe auf mannigfaltige Weise zurückgewiesen, denn »tief und ernstlich denkende Menschen haben gegen das Publikum einen bösen Stand«. Nämlich: »Das Publikum will wie Frauenzimmer behandelt sein: man soll ihnen durchaus nichts sagen, als was sie hören wollen.« Und: »Das Publikum beklagt sich lieber unaufhörlich, übel bedient worden zu sein, als daß es sich bemühte, besser bedient zu werden.«

Wer dem Publikum dient, ist ein armes Tier;
Er quält sich ab, niemand bedankt sich dafür.

Karl Ludwig Knebel vermeldet: »Vor dem Dinge, das man Publikum nennt, hat er eine souveräne Verachtung. Es freuet ihn, wenn er dem Ungeheuer Brocken hinwerfen kann, an welchem es sich die Zähne blutig beißt.«

Und er selber hat mal wieder in seiner unnachahmlich galanten Art das letzte Wort: »Das schwatzende Publikum ist wie eine Herd' Schwein.«

Stadt, Land, Fluß

»Es ist all und überall Lumperei und Lauserei«, schrieb Goethe am 11. September 1790 an Herder, und an Beweisen für diese einleuchtende These ließ er es nicht mangeln. In der Welt da draußen kannte er sich super aus und verstand einfach alles.

Wirklich alles?

Na ja, nur fast.

»Chinesisch verstand Goethe nicht«, teilt das vierbändige Goethe-Handbuch lapidar mit, aber ob der Weimarer aus Frankfurt wenigstens die Osnabrücker verstanden hätte, wissen wir bis heute immer noch nicht. Denn er war nie, nie, nie in Osnabrück – obwohl ein gewisser Ludwig Bäte frecherweise ein dickleibiges Buch vorlegte mit dem Titel »Goethe in Osnabrück«.

Wäre Bäte Berlin ein Anliegen gewesen, hätte er sich leichter getan. Denn über Berlin, das Bonn des Ostens, hatte der ehemalige Wahl-Wetzlarer ganz eigene Gedanken: »Es lebt dort ein so verwegener Menschenschlag zusammen, daß man mit der Delikatesse nicht weit reicht, sondern daß man Haare auf den Zähnen haben und mitunter etwas grob sein muß, um sich über Wasser zu halten.« Dies zur Warnung an Eckermann, sich dort hinzubegeben, denn »hier sitzen die satten Herren und stochern die Zähne«. Das gilt für Goethe, Kosmopolit der er war, aber zugleich auch für »Bohlheim« und »Paris«.

Die Heimatstadt Frankfurt kommt gleichfalls nicht gut weg: »In wissenschaftlicher Hinsicht war Frankfurt von keiner Bedeutung«, teilte er dem Magistrats- und Polizeirat Johann Sebastian Grüner entschieden mit. In Bezug auf seine Landsleute zitierte er gern und oft und vor allem zustimmend den Präsidenten von Moser, der, grammatisch leider nicht ganz geschickt, meinte: »Es ist ein verfluchtes Volk, die Frankfurter.« Schon am 28. November 1771 bekannte der noch schnabelgrüne und dudenferne Göte in einem Brief an seinen Freund Salzmann: »Franckfurt bleibt das nest. Nidus wenn Sie wollen. Wohl um Vögel auszubrüten, sonst auch figürlich spelunca, ein leidig Loch. Gott helf aus diesem Elend. Amen.« Und tschüß.

Hamburg ergeht es nicht viel besser: »In dem Hamburger Teewasser, nun, da gehört doch eine gute Natur dazu, da zu überleben.«

Nicht nur dort. Auch »in Jena und Halle war die Roheit aufs höchste gestiegen, körperliche Stärke, Fechtergewandtheit, die wildeste Selbsthülfe war dort an der Tagesordnung; und ein solcher Zustand kann sich nur den gemeinsten Saus und Braus fortpflanzen«. Den akademischen Betrieb besonders in Jena weist er infolgedessen ratzekahl von sich, auch aus gesundheitlichen Gründen: »Es ist übrigens hier meist in allen Fächern ein so schnelles literarisches Treiben, daß einem im Kopf ganz drehend wird, wenn man drauf horcht.«

Vom »verfluchten Leipzig« wollen wir erst gar nicht reden. Oder doch? Ist diese »steinerne, am Sumpf gelegene« Häuseransammlung denn überhaupt der Rede wert? Nur, wenn's unbedingt sein muß, denn mit Leipzig hatte Goethe insgesamt sehr schlechte Erfahrungen gemacht, die er in einem flugs erinnerten Straßenbild daher auch recht sachlich wiedergibt: »Und kann nicht genug sagen, wie sich mein Erdgeruch und mein Erdgefühl gegen die schwarz, grau, steifröckigen, krummbeinigen, perückengeklebten, degenschwänzlichen Magisters, gegen die feiertagsberockte, allmodische, schlankliche, vieldünkliche Studentenbuben, gegen die zuckende, grinsende, schnäbelnde und schwumelende Mägdlein, und gegen die strotzliche, schwänzliche und finzliche junge Mägde ausnimmt, welcher Greuel mir alle heut um die Toren als an Marientags Feste erschienen sind.«

Sachsen und seine heimliche Hauptstadt fallen also auch aus: »Aber das Sachsen, Sachsen! Ei! ei! das ist starcker Toback. Man mag auch noch so gesund und stark sein, in dem verfluchten Leipzig brennt man weg so geschwind wie eine schlechte Pechfackel.«

Machen wir also auf dem Fuße kehrt und wenden uns nach Weimar. Das räudige Weltkulturkaff an der Ilm galt und gilt vielen Wohlmeinenden durchaus als »Brennpunkt für die idealen Lichtstrahlen der Menschheit«, wie es in einer Ankündigung des Weimarer Verlages J. Grosse für das auch sonst ziemlich durchgetickte »Gedenkbuch Weimar« heißt.

Nämlich Pustekuchen! »Überhaupt«, sagte Goethe und hob verwarnend die linke Braue, »geschehen hier so viele Albernheiten, daß ich mich bloß durch persönliche Würde im Auslande vor beleidigenden Nachfragen schützen kann, daß ich mich aber schäme, aus Weimar zu sein, und gerne wegzöge, wenn ich nur wüßte, wohin.« Kanzler von Müller traute seinen abstehenden Ohren nicht.

»Es ist bei den Weimarern eitel, das Maul voll zu nehmen, und für ernste Zwecke wenig oder gar nicht auf sie zu rechnen.« So zu Falk.

Nein, er hatte keine gute Meinung von der Stadt, durch die er mehr als ein halbes Jahrhundert lang seinen fülligen Leib spedierte: »Hier leben die Menschen miteinander wie Erbsen in einem Sacke, sie reiben und drücken sich, es kommt aber nichts dabei heraus.«

Wie wär's dann, wenn wir schon beim W sind, vielleicht mal mit – Wiesbaden? »Ich möchte um alles hier nicht wohnen.«

Na gut, 'tschuldigung.

Was bleibt also noch zu tun? Auswandern? Nicht jedes Land hat alles zur Hand, und sich redlich nähren tat Goethe auch so, dazu brauchte er die Deutschen nicht. In bezug auf diese hatte er sich eine feine Doppelstrategie ersonnen, mit der schlug er gleich zwei Fliegen resp. Schnaken mit einer Klappe: »Sie mögen mich nicht«, konstatierte er; und daraus folgt: »Ich mag sie auch nicht.« Voilà!

Aber nicht nur die Deutschen gingen ihm gegen den Strich, auch der Mensch als solcher und überhaupt: »Wo man den Menschen nur wieder begegnet, möchte man von ihnen und ihren kümmerlichen Werken gleich davon fliehen.« Letztlich waren aber, das wußte und ahnte der Alte, praktisch alle »Maßnahmen zur Abwehr des äußeren Unglimpfs« total vergeblich und für'n Arsch. Da war nix zu machen.

Wilhelm von Humboldt vertraute er dito an, daß er sich nur noch diesen Rat wisse, nämlich »die Deutschen, wie die Juden, in alle Welt zu zerstreuen, nur auswärts sind sie noch erträglich«. Da war der gelehrte Freiherr baff und sah schon die ins Auge gefaßte gemeinsame Urlaubsreise baden gehen. Verwundert teilt er seiner Frau mit: »Er will nicht nach Wien, nicht einmal nach Prag; von Italien hat er auf ewig Abschied genommen.«

Was sollte er auch in Italien? »Rom, dies Babel« war schließlich »die Mutter so vielen Betrugs und Irrtums«, da wollte er nun wirklich nicht noch mal hin. Dieser Verkehr, Lärm und Gestank! Denn merke: »Fangt einmal mit Rom nur an: so seid ihr angeführt.«

Aber wohin dann?

»Wären wir zwanzig Jahre jünger, so segelten wir nach Nordamerika«, teilte Goethe seinem verblüfften Adlatus Kunscht-Meyer mit. Aber da war es schon zu spät, um Segel zu setzen, denn beide waren sie ja schon zwanzig Jahre älter als noch vor zwanzig Jahren. Also besann er sich wieder und sagte: »Lieber halte ich mich im eignen Schneckenhaus zurückgezogen und hause dort nach Belieben.« Im Grunde war es ja egal, denn »es ist mir toll und wunderlich, überall, wo ich bin«. Na also. Und bekanntlich reist man nicht billiger und nicht schneller als in Gedanken, wie wir aus den »Leben und Taten des berühmten Ritters Schnapphannski« wissen – leider mal nicht von Goethe.

Die Egerländer übrigens haben zwar »weiße gesunde Zähne, dunkelbraune Haare – doch wenig Waden«.

Vom Vater hatte Goethe nicht nur die Statur nebst einem Paar strammer Wandersmannwaden, sondern auch des Lebens ernstes Führen und die lebenslange Abneigung gegen das Hotel- und Gaststättengewerbe in die Wiege gelegt bekommen, was das Reisen ja auch nicht gerade erleichterte. »So gern ich mich mit jeder Art von Zuständen bekannt machte und dazu manchen Anlaß gehabt hatte, war mir doch von meinem Vater eine äußerste Abneigung gegen alle Gasthöfe eingeflößt worden... Ob er gleich selten in Bildern sprach und dieselben nur, wenn er sehr heiter war, zu Hilfe rief, so pflegte er doch manchmal zu wiederholen: in dem Tore eines Gasthofs glaube er immer ein großes Spinnengewebe ausgespannt zu sehen, so künstlich, daß die Insekten zwar hineinwärts, aber selbst die privilegierten Wespen nicht ungerupft herausfliegen könnten.«

Bleiben wir doch lieber schön daheim, im Ausland erwartet einen sowieso nichts Gutes. Die Engländer kommen ihm vor wie »lauter Eulenspiegel«, sie haben zu ihrer Schande keinerlei »ästhetisch moralisches Urteil«. Außerdem schleppen sie immer ihre »Teekessel auf den Ätna«. Disgusting!

Die Franzosen? »Die Franzosen haben viele verdorbene Elemente« und, freilich, freilich, »nach außen zu agieren sie als Räuber und Spitzbuben und Mörder«.

Und die Nordländer? Ach die Nordländer! »Wenn diese Nordländer ihre Bären auf den Hinterbeinen tanzen lassen können, glauben sie, was Rechtes zu sein.« Was sie aber, so dürfen wir wohl ergänzen: halt einfach nicht sind, diese Nordländer.

Auch die Schweizer sind, wer hätte das gedacht, arme Kreaturen: »Frei wären die Schweizer? Frei diese wohlhabenden Bürger in den verschlossenen Städten? Frei diese armen Teufel an ihren Klippen und Felsen? Was man dem Menschen nicht alles weismachen kann! Besonders, wenn man so ein altes Märchen in Spiritus aufbewahrt. Sie machten sich einmal von einem Tyrannen los und konnten sich in einem Augenblick frei denken; nun erschuf ihnen die liebe Sonne aus dem Aas des Unterdrückers einen Schwarm von kleinen Tyrannen durch eine sonderbare Wiedergeburt; nun erzählen sie das alte Märchen immer fort, man hört sie bis zum Überdruß: sie hätten sich einmal freigemacht und wären frei geblieben; und nun sitzen sie hinter ihren Mauern, eingefangen von ihren Gewohnheiten und Gesetzen, ihren

Fraubasereien und Philistereien, und da draußen auf den Felsen ist's auch wohl der Mühe wert von Freiheit zu reden, wenn man das halbe Jahr von Schnee wie ein Murmeltier gefangen gehalten wird.«

Gut, okay, Schweiß ist scheize bzw. umgekehrt, Marokko ist nun aber mal auch nix. Dafür bekommt überraschenderweise ein kleiner Ort eine Chance, von dem man's wohl nicht leicht erwartet hätte. Bei der Lektüre eines Reiseberichts aus Marokko bricht es nämlich aus Goethen heraus: »Ich danke Gott, daß ich in Lauchstädt bin!«

Lassen wir, zumal nach »Maastricht«, die Ländergrenzen einfach fallen und wenden uns dem großen Ganzen zu: Europa!

Europa? Ach was! »Es geht uns alten Europäern übrigens mehr oder weniger herzlich schlecht; unsere Zustände sind viel zu künstlich und kompliziert, unsere Nahrung und Lebensweise ist ohne die rechte Natur, und unser geselliger Verkehr ohne eigentliche Liebe und Wohlwollen. Jedermann ist fein und höflich, aber niemand hat den Mut, gemütlich und wahr zu sein, so daß ein redlicher Mensch mit natürlicher Neigung und Gesinnung einen recht bösen Stand hat. Man sollte oft wünschen, auf einer der Südseeinseln als sogenannter Wilder geboren zu sein, um nur einmal das menschliche Dasein, ohne falschen Beigeschmack, durchaus rein zu genießen.« Ein frommer Wunsch, so ganz ohne die Billigflieger von TUI.

Nun muß es aber endlich einmal heraus: Die große weite Welt ist irgendwie verkehrt angelegt. »Die empirisch-sittliche Welt besteht größtenteils nur aus bösem Willen und Neid.« Ja, doch, so ist es: »Wie aber die Welt gespalten und in die kleinsten Bißlein zerrissen ist, erfährt man zu Wunder und Schrecken, wenn man unter fremden Menschen viel hin und her wandelt.«

Hochlogisches Fazit: »Denkt man sich bei deprimierter

Stimmung recht tief in das Elend unserer Zeit hinein, so kommt es einem oft vor, als wäre die Welt nach und nach zum Jüngsten Tage reif«, sagte Goethe, seufzte und schwieg, wie Eckermann berichtet. Dann fuhr er wieder auf, sammelte sich, und sah nun klar »die Zeit kommen, wo Gott keine Freude mehr an ihr hat und er abermals alles zusammenschlagen muß zu einer verjüngten Schöpfung«.

Aha, da sind wir also nun schon angelangt!

Wie aber sieht es mit dem obskuren Drüben aus, dem Fortleben im Jenseits und dem Mann auf der Wolke? Goethe hätte an sich nichts darwider gehabt: »Allein, ich will mir ausbitten, daß mir drüben niemand von denen begegnet, die hier daran geglaubt haben. Denn sonst wird meine Plage erst recht angehen. Die Frommen werden um mich herumkommen und sagen: haben wir nicht recht gehabt? haben wir es nicht vorhergesagt? ist es nicht eingetroffen? Und damit würde denn auch drüben der Langenweile kein Ende sein.«

Was uns (und Goethe) keinen anderen Schluß läßt (und einen anderen hätten wir auch gar nicht auf Lager), daß die Welt ein rechter Saumist ist. M. a. W.: »Das Bösartige der Hydernköpfe ist nicht zu tilgen.« Immerhin wurde ihm, wenn er's so für sich selbst besah, »das Elend nach und nach so prosaisch wie ein Kaminfeuer«.

Und das lodert, wenn wir's nun recht besehen, noch heute.

Kleiner Doppelessay zum Großproblem der Realbenamsung bei G.

> Ein Name war es, der mir unaufhörlich vor der Seele stand und sich bis in meine Träume senkte, – der Name Goethe.
>
> *Ferdinand Hiller*

I. Superbester und Riesenarsch – der Mensch Goethe

Alles was recht ist: Fick hieß er nicht. Leider. Auch wenn Arno Schmidt sich das in »Zettels Traum« (12,8 kg) so schön ausgemalt hat: »Schtell'o'ch ma vor: Der hätte nich GOETHE, sondern ›FICK‹ geheißn‹ – (: Das FICK-Haus in Weimar; das FICK-Jahrbuch; er erhielt den FICK-Preis für 1986; FICK'S ›Faust‹; oder n FICK-Jubiläum: wo Mann 'ne FICK-Medallje verlieh'n bekommt...«

Nein, Herr Anus Schmidt: Goethe hat Goethe geheißen! Wie je nur einer und keiner mehr nach ihm. Unsere Schullehrer waren nie genötigt, sich immerfort solcher Wendungen zu bedienen wie »der große Fick sagt...« oder »Wie heißt es beim Fick?« Wir gnadenvoll Spätgeborenen wissen: Goethe ist nicht nach dem seltsam einsilbigen Wort benannt, mit dem zweifelhafte Existenzen von Zeit zu Zeit den Austausch von Körpersäften beschreiben. Goethe ist – und das können wir beweisen! – nach *Goethe* benannt.

Aber da ist er nicht der einzige. Nach Goethe ist auch das wenig wertvolle Goethit (Nadeleisenerz) benannt, eine wenig bekannte Pflanze (Bryophyllium calcinum), ein wenig benötigter Knochen im Embryo (os intermaxillare) und ein wenig erklommener Berg (mount) in der Sierra Nevada. Darüber hinaus ein Barometer, eine literarische Vereinigung im Land der Kirschblüte, das Hauptquartier der Steiner-Gemeinde, je eine Straße in Teheran, Dinkelsbühl und allen anderen Orten, die Institute, die Hilmar Hoffmann besitzt, eine Linde im Garten seines Geburtshauses, die zwecks Holzsplintkaferbefall nun nicht mehr existiert, sowie als Bonusgabe ein Jahrbuch, ein Handbuch und ein Wörterbuch – die allerdings noch fleißig weiterwuchern. Sobald da endlich Schluß ist, geben wir's durch.

Wer darf aber, um mit Goethe zu fragen, »das Kind beim rechten Namen nennen«?

Nun, Bettina von Arnim jedenfalls mal ganz sicher nicht, diese »leidige Bremse« (Goethe), die bei ihrem geheimrätlichen »Meister« (v. Arnim) so gern eine Art Miss Lewinsky geworden wäre. In »Schwalbach auf der Mooshütte« legt sie in ihrem rosaroten Mädchentagebuch nieder: »Hier auf der Höhe, wo die waldigen Schluchten siebenfaches Echo zurückgeben, wag' ich nicht deinen Namen preiszugeben; ich will nicht hören eine Stimme, die ebenso heiß so eindringend dir ruft.«

Gööööööthe!

Öthe...öthe...öthe...öthe...öthe...öthe...öthe...

Nein, das hört sich wirklich nicht gut an.

Ohne Echo geht's aber, und daran ist auch nicht zu rütteln: Johann Wolfgang hieß Goethe. Oder umgekehrt. Und weil er einmal durch die Äußerung auffiel, daß »Orden und Titel manchen Puff im Gedränge« abhielten, ließ er sich nicht nur von diversen dazu ermächtigten Herren das »Großkreuz des Zivilverdienst-Ordens der Bayerischen Krone«, das »Ritterkreuz des Ordens der Ehrenlegion«, den »Kaiserlich-Russischen Annenorden 1. Klasse«, das »Kommandeurskreuz des Österreichisch-Kaiserlichen Leopolds-Ordens« und das »Großkreuz des Großherzoglichen Weimarischen Hausordens der Wachsamkeit oder vom Falken« an die steife Brust heften, sondern von anderen Regenten auch noch etliche Ämter und Titel verpassen.

Er war nacheinander und auch gleichzeitig: Lizentiat der Rechte, Geheimer Legationsrat, Geheimer Rat, Wirklicher Geheimer Rat mit dem Prädikat Exzellenz, Staatsminister, Mitglied der Ilmenauer Steuerkommission und der Schloßbaukommission, Oberdirektor des Theaters, Oberaufseher über den Botanischen Garten und das Münzkabinett, Präsident des Kriegscollegiums, Bibliotheksvorsteher, Bergwerksdirektor, Aufseher des Bauwesens bis zum Wegebau hinunter, Leiter der Wasserbaukommission, Herausgeber der Zeitschrift »Propyläen«, Directeur de plaisirs, Jugend- und Fahrtenschwimmer, Oberaufseher der Sternwarte und der Tierarzneischule zu Jena, Oberaufseher des Freien Zeichen-Institus zu Weimar, Hofpoet, Verfasser und Ausrichter von schönen Festivitäten, Hofopern, Balletts, Redouten-Aufzügen, Inskriptionen und Kunstwerken, der erste Akteur und Tänzer und an manchen Tagen sogar außerordentlicher Frühstücksdirektor der Kaiserlichen Ilm-Dampfschiffahrtsgesellschaft – kurz, die unermüdliche Hochbetriebsnudel des hochwohlgeborenen Weimarschen Fürstenhauses.

Schade nur, daß Goethe die DDR nicht mehr miterleben durfte. Wie begeistert wäre er gewesen über den so herrlich rot-gold funkelnden Karl-Marx-Orden, über einen blechgewordenen Nationalpreis erster, zweiter und dritter Klasse, über die rare Auszeichnung »Held der sozialistischen Arbeit« oder sogar über die nicht ganz so rare GST-Medaille »Bester der Zivilverteidigung«.

Privatissime hörte er es aber auch gern, wenn man ihn »Bär« nannte oder »der Wanderer« oder gar »der alte Merlin«. Und Ulrike von Pogwisch ergänzt: »Ach er war so gut, so engelsgut, wir nannten ihn immer ›den Vatter‹, das mochte er gern.«

Dies immerhin eine kleine Wesensähnlichkeit mit dem ansonsten ziemlich unvergleichlichen Vatter Graf.

Manches ging Goethen auch zu weit und voll gegen den Strich: einen »Freund des Bestehenden« wollte er sich nun überhaupt nicht titulieren lassen. Nix zu machen, das war ihm zu zweideutig; weil das Bestehende »neben vielem Guten« ja auch aus »Schlechtem, Ungerechtem, Unvollkommenem und Veraltetem« besteht. Recht hat er. Und recht hat somit auch der verdienstvolle DDR-Philosoph Wolfgang Harich, der nachdrücklich die Tendenz geißelte, »Goethe als Fürstenknecht zu verachten«. Dies sei, wütete er, nichts als eine »linkssektiererische Dummheit«. Vorschlag zur Göte-Güte: Nennen wir ihn einfach »Feind des Bestehenden«.

Seine lockenköpfige Demoiselle Vulpius, der »geliebte Bettschatz«, den er nach manchen Nächten auch »meine Naturgewalt« nannte, flüsterte ihm, wenn »des Bettes lieblicher knarrender Ton« das stattliche Heim tüchtig zum Rumpeln gebracht hatte, »Lieber« ins Ohr, keuchte gelegentlich auch »Liebster«, »superber Schatz« und nach Beben der Naturgewaltklasse 5 sogar »Allersuperbester« aus dem rosenroten Munde.

In ihrer beider geheimen Liebessprache wimmelt es nur so von »Schlampamps-, Schlender- und Hätschelstündchen«, von »Äugeln«, »Hasigsein«, »Gramseln«, »Kräbeln« und freilich auch »Krabseln«. »Die Mägdlein, ach sie geilen viel«, meint auch Mephisto, und schon kurze Zeit später, namentlich wenn sie des Ministers großen Krisenstab achtungsvoll »Herr Schönfuß« nannte, geriet Exzellenz in höchstselbige Verzückung, und es flossen ihm frisch von der Leber und sonstwoher weg Gelegenheitsverse derbster Natur aus der angespitzten und ausgefahrenen Feder:

Ach, du ahnst es nicht,
wie tief der Babba mit dem Spargel sticht.
oder
In der Liebesnächte Fühlung,
Die dich zeugte, wo du zeugtest,
Überfällt dich fremde Fühlung,
Wenn die stille Kerze leuchtet.
oder
Heil mir im Hosenlatz,
Ich hab den größten Spatz!
oder
Und hinten drein komm ich bey Nacht
Und vögle sie, dass alles kracht.

Alles Goethe, alles echt. Da hatten die Damen und Herren, die 1885 begannen, im Auftrag der Großherzogin Sophie »das Ganze von Goethes litterarischem Wirken in Vollständigkeit darzustellen«, ganz ordentlich was wegzustreichen, zu kratzen, zu schaben und zu radieren, rauszuschnippeln und zu schwärzen.

Schon erstaunlich, daß sie von »Hanswursts Hochzeit oder: Der Lauf der Welt«, einem Dramenentwurf des jungen Goethe, überhaupt die Besetzungsliste zum Druck beförderten. Denn wer tritt in diesem leider nie ausgearbeiteten Stück alles auf? Eine »Ursel mit dem kalten Loch« findet sich da, ein »Hans Arsch von Rippach«, auch »Reckärschgen und Schnuckfözgen, die Nichten«, ferner »Peter Sauschwanz« und »Peter Leckarsch«, »Thomas Stinkloch« und »Jungfer Arschloch«, auch »Galloch Schalloch« und »Magister Sausack« und jede Menge »Schnudelbutz, Farzpeter, Heularsch, Saustrick, Vollsack, Mazpumpes, Hungerdarm, Hundsfut, Maulaff, Schnudelbutz und Fozzenhut«. Nicht zu vergessen natürlich die Herrschaften »Dr. Bonefurz« und »Dr. Saft«. Eine so geballte Entladung kriegte nicht einmal die arschkalte Sophie ausgemerzt und wegradiert.

Als der langjährige Heiratsgegner Goethe (»Ich bin verheiratet, nur nicht durch Zeremonie«) das Mädchen aus der Bertuchschen Kunstblumenfabrik nach 18 Jahren Lotterleben richtiggehend ehelichte (vgl. Th. Mann: »Lotter in Weimar«), war Johanna Schopenhauer, die Mutter des griesgrämigen Philosophen, die erste, die sie huldreich empfing; nachdem die arme Christiane jahrelang von der besseren Gesellschaft erbarmungslos geschnitten worden war. »Wenn Goethe ihr seinen Namen gibt, können wir ihr wohl eine Tasse Tee geben«, sagte die Schopenhauer auf einem ihrer sterbenslangweiligen Repräsentationstees. Und die anwesenden Schnepfen und Schrapnellen nickten beifällig und nippten, gerührt von sich selbst, am lauwarmen Nieren- und Blasentee.

Nach der Legalisierung der Kiste sprach die »liebe Kleine« ihren Göttergatten noch gelegentlich mit seinem Titel an und stöhnte, wenn sie mit ihm auf dem gar köstlichen Diwan zugange gewesen war, ganz formvollendet: »Danke, bester Herr Geheimerath!«

Auch viele andere wollten mit Goethe für alle Zeiten verbunden sein. Zum 50. Jahrestag der Goetheschen Ankunft in Weimar überreichte der Bürgermeister, ein Hofrat Schwabe, dem Geheimrats-Sohn Julius August Walter sowie dessen eigenen zwei Söhnen Walther Wolfgang und Wolfgang Maximilian und vorsorglich gleich auch »allen männlichen Nachfahren« eine »höchst ehrenhaft abgefaßte« Bescheinigung über ein »Bürgerrecht auf ewige Zeiten, auf daß der gefeierte Name Goethe für alle Zeiten in den Urkunden der hiesigen Stadt als höchste Zierde derselben vorhanden sein möge«. Da gratulieren wir spontan von Herzen!

Einige aber wollten bei dieser heillosen Verehrungsorgie nicht vorbehaltlos mittun. Sie hatten die Schnauze voll und nannten den hoch angesehenen Dichter-Staatsmann nur spöttisch »bestes Geheimrätchen«, »arger Poltron«, einen »zeitungsschreibenden Geck«, einen »aufgeblasenen Geck«, »den zum Höfling gewordenen Kaufmannssohn«, »Schwindelkopf«, »Muster an Schlechtigkeit« oder, wenn es gar nicht mehr anders ging, »ungezogener Zwiebelkrämer«.

Den ungarischen Haupt- und Staatsdichter und heimlichen Meerrettichhasser Alexander Petöfi wandelte sogar das kalte Goethe-Grausen an: »Er ekelt mich an, wie Meerrettich, der mit Creme angemacht ist.« Das ist nun wirklich abgefeimt.

Allerdings erst in unserem hemmungslosen Jahrhundert, als Goethe schon längst zu Staub verfallen war, erhob sich die Lust, ihn zu beschimpfen, zu voller Ausdehnung.

Thomas Bernhard unterstellte dem Naturforscher Goethe in seinem Stück »Über allen Wipfeln«, nichts von Bienenzucht verstanden zu haben; nannte ihn den »Heilpraktiker der Deutschen«, der »allen den Magen verdirbt, nur den Deutschen nicht«, einen »philiströsen Schrebergärtner« und »Scharlatan« – der Bernhard gegen die Krankheit Österreich letztlich auch nicht helfen konnte.

Klar, daß Arno Schmidt noch mehr einfiel, als das Wort »Goethe« durch »Fick« zu ersetzen. Er schrieb den Überschätzten als »nobilitierten Teppichwälzer« und »geistigen Zehnkämpfertyp« in sein Stammbuch, der tagaus, tagein und »steifbeinig-altklug« am »Fließband seiner Scheißverse« gestanden habe.

Meine Damen und Herren, wir schalten nun vom Scheißdirekt rüber ins Leichenhaus. Hin zu Totengräber Jakob Haringer.

Es lag diesem bescheidenen Mann, der von sich sagte, »ich bin und bleibe der größte Schriftsteller des Jahrhunderts«, gänzlich fern, sich intensiv mit Goethe zu beschäftigen. Warum auch? Er hatte überhaupt keine Lust, »diesen Verbrecher zu kapitelisieren, seine Schweinereien und Trotteleien aufzuzeichnen«. Nein, da hatte er nun wahrlich »Wichtigeres zu tun, sei es auch bloß, überhaupt nichts zu tun«.

Aus diesem Grunde fiel die Denkschrift des Dresdener Lyrikers und Schriftstellers, die er unter dem Titel »Leichenhaus der Literatur oder Über Goethe« in die Welt warf, auch sehr bescheiden aus – gerade mal 28 Seitchen. Dennoch handelt es sich bei Haringers einfühlsamer analytischer Annäherung um eins der bedeutendsten Zeugnisse der Goethe-Interpretation, ja der Goethe-Kondemnation, das die Literaturgeschichte überhaupt kennt. Besser gesagt: nicht kennt.

Denn der einstige Kleist-Preisträger ist munter rauschend den Bach hinuntergegangen. Kein Mensch will mehr »Das Schnarchen Gottes« hören, niemand mehr seinen »Hain des Vergessens« betreten, nicht ein einziger Penner mit ihm eine »Weihnacht im Armenhaus« erleben. Bedauerlich, denn seine naturwüchsigen Poeme klingen durchaus passabel. Auch wenn sie Goethe natürlich nicht in den Kram gepaßt hätten.

Und nun erst das »Leichenhaus der Literatur«! Der Titel allein schon eine Unverschämtheit sondergleichen. Hatte Goethe doch ganz extra und vollfett ausdrücklich im »Faust« das Knochenmannunwesen in aller Entschiedenheit zurückgewiesen: »Begierig du auf Leichen, ekle Leiche selbst! Vampirenzähne glänzen dir im frechen Maul.«

Trotzdem oder vielleicht gerade trotzdem deshalb erbaute Haringer sein eindrucksvolles Anti-Goethe-Leichenhaus. Heidewitzka, da können die geschworenen Goethe-Verächter Ludwig Börne, Wolfgang Menzel, Tilman Jens und wie sie alle heißen, sich noch ein Scheiblein abschneiden! Doch lassen wir den Mann nun endlich selbst zu Worte kommen.

Herr Haringer! Bitte festschnallen und das Fauchen anstellen!

Zunächst einmal, so eröffnet er, sei es »vielleicht mehr als Zufall«, daß sich auf Goethe »Kröte und blöde reimt«. Dies ist die Ausgangsthese, nun ein Blick auf die Rezipienten: »Goethesche Jüngelchen«, als da sind »Oberlehrer, Dichterlinge, Bennchen«, auch »Friseure« und gelegentlich auch »Affen, die wacker im Chor mitgrunzen« – sie alle haben die »Kehrichttonne« Goethe, den »Abgott aller Dilettanten« resp. das »Idiotenreptil«, viel zu gut studiert und viel zu blind verinnerlicht. Als besonders vorbildlich auf diesem Sektor benennt Haringer seinen Kollegen Hugo von Hofmannsthal (»Hi, hi! wie nur ein Vieh Hugo heißen kann...«), den er darum als einen der »größten Schuften« einschätzt; höher ragt nur noch »der blöde Jesuit« Thomas Mann samt seinem nobelpreisgeschädigten »Sacharinhirn«.

In einer schwer widerlegbaren Beweiskette stellt er den Altmeister (Weimar) den Schlächtern Haarmann (Hannover) und Kürten (Düsseldorf) zur Seite: »Herrlich, wie dieser Massenmörder Goethe vertrottelt war«, schwärmt er und macht ihn leichten Sinns und leichter Hand zum »literarischen Freibeuter« schlechthin, darüber hinaus aber auch zum »Kellner, der jeden Fusel nach seiner Art servierend, in Allem Schleim von seinem Schleime sah«.

Es sei nämlich, so der nun kaum noch zu bändigende Haringer, »natürlich, daß der von jedem Oberlehrer mit seinem Mist bestickte märchenseinsollende Scheißdreck nie um wahre Freundschaft wußte« und daher auch nichts als nur »Speichelleckerei, Götzendienst, Heucheln« und infolgedessen »ein gemeines Ausnützen des Nächsten« kannte. Wer will da noch widersprechen?

Die Deutschen, die auf eine derartige Dichterkreatur hereinfallen, weiß Haringer genau einzuschätzen: »Eine Nation, deren größter Dichter nicht vermag, aus ihrem Kot auch nur ein wenig Menschlichkeit zu pressen, taugt nichts.« Dito die »Geleerten« mit der »geistigen Hirneiterung einer gewissenlosen Pharisäerbande«, durch die uns »heute noch auf jeder Waldbank bang und bedrückt wird, weil gestern hier so ein Goetheaner seine geistige Notdurft verrichtet«, während Goethe doch selber schon »alles Große, Wahre, Edle verschissen« habe, indem er z. B. herging und über »Pforze, Durchfall, Scheibenschießen und ähnlichen Bockmist tagebuchte«.

Daraus folgt: »Waschweiber haben mehr Verdienste« als der »Riesenarsch« mit seinem »ganzen blödsinnigen Trara«. Dann endet die Lobeshymne auch schon, und Haringer schließt mit einem phänomenalen Furioso, welches er noch einmal ganz in den Dienst seines Opfers stellt, diesem »Erzsatan aller Verlogenheiten«, diesem »Wurmknie«, »Gipskopf«, »Rotzbuben«, diesem – und da scheint Haringer schon ein wenig erschöpft, ermattet, erledigt: diesem »Mädchen für Alles«. Aber er hat ihn ja auch so satt, diesen »Stinkkerl« mit seinem – Überraschung! – »alten, stinkenden Käse«, der »sich Zeit seines Lebens in einer geraubten Alabasterurne alle abgeschnittenen Fuß- und Handnägel aufhob«. Angesichts all dieser Delikte kann Haringer nur noch verwarnend den Stinkefinger zücken und schließen: »Mir stinkt das abscheuliche Zeug zu arg.«

Keiner war angesichts dieses Schimpfluders betroffener als der Literaturwissenschaftler Theodor Sapper, Herausgeber einer von Unflat ziemlich gesäuberten Anthologie mit Haringer-Texten; kopfschüttelnd, ja fast ratlos vermerkt er in Haringers Lebenschronik: »1928 verscherzt er selber viel von dem ihm entgegengebrachten Interesse durch die unklug und überhitzt geschriebene Schrift ›Leichenhaus der Literatur‹.«

Das bekümmerte jedoch den Mann, dessen letztes Wort »Ich scheiß auf die Welt!« lautete, in überhaupt gar keiner

Weise. Drei Jahre später schleuderte Haringer dem so inniglich Verhaßten in seinem so schön übertitelten Gedicht »An den Schwanz« noch einmal die Frage entgegen: »Weiß deine Mama überhaupt, daß du noch auf der Gasse bist?« und fordert den schon längst Verblichenen zu umgehender Umkehr auf: »Du mußt dich vorm eigenen Hintern schämen, Goethe!«

Ganz gerecht scheint das alles nicht gegen den Alten zu sein, dem einerseits »nach hinten nie ein froher Genuß gewesen« war, der aber andererseits den schwäbischen Götz-von-Berlichingen-Gruß bis in die entferntesten Winkel des Erdballes bekannt gemacht. Laut Ludwig Eichrodt hatte Goethe sogar einmal zu seinem Eckermann »Leck mich« gesagt; und Bertolt Brecht, der den Alten zwecks »Entgipsung« immer nur »Goethinger« nannte, erhob ihn respektvoll zum Hauptvertreter des »Leck-mich-am-Arschismus«. Nebenvertreter sind leider nicht bekannt.

II. Dalai Lama und Kopfwindel – der Gott Goethe

Der Wiener Schriftsteller Eugen Guglia sah vieles ganz anders als der überzeugte Skatologe Haringer. Schmerzlich vermißte Guglia auf dieser Erde einen Nachfolger für seinen Meister Johann Goethe, also griff er beherzt zu seiner neuen Remington-Kniehebel-Schreibmaschine und hämmerte rechtzeitig vor dem Ausbruch des 1. Weltkrieges »Ein Buch von der Nachfolge unseres Herrn und Meisters Goethe« auf die Walze, in welchem er alles irdisch Unreine am »Lebemeister« aus Frankfurt/Weimar leugnete und hingebungsvoll den Tönen eines schwumeligen Weißnichtwie lauschte, das aus den Wolken zu ihm sprach.

»Goethe kommt von oben« – das hatte doch gleichfalls schon der Schwerstdramatiker Grillparzer mit unbewaffnetem Auge erkannt. Womit wir bei der Frage, der letzten aller Fragen angekommen wären: ob Goethe eigentlich neben seinen zahlreichen Amtestätigkeiten und seinen vielen Dicht- und Forschgeschäften nicht vielleicht auch noch eines war, nämlich – Gott.

Ja, Gott in eigener Person.

Passen tät das schon. Anzeichen, Nach-, Hin- und Beweise dafür wollen wir nicht schuldig bleiben. Z. B. hat der Vielbeschäftigte einmal, vermutlich über sich selber, geäußert: »Es ist wahrhaftig keine Kunst, unser Herr-Gott zu sein.« Zur Studentenzeit in Straßburg sahen ihn die Kommilitonen »wie Apoll« durch die Mensa zur Stammessenausgabe ohne Salat schreiten, in Hessen legte man ihm denselben Götternamen zu, wenn er auf der Schlittschuhbahn seine Kreise zog. Wilhelm Heinse bemerkte am 8. September 1775 beiläufig: »Daß Goethe Götterkraft hat in seinem Wesen, weiß jedermann.« Na also, da haben wir's ja.

Manchem, der später im Haus am Frauenplan auf Goethes Auftritt wartete, schlug in banger Erwartung und Vorfreude das gläubige Herz, wie wenn gleich der Hl. Geist persönlich mit aller Erleuchtungsmacht in ihn hineinfahren sollte. Johann Kaspar Lavater notiert schon nach kurzer Bekanntschaft mit Goethe in einem Brief: »Du würdest den Doktor Goethe vergöttern!« Und Johanna Schopenhauer säuselt verzückt, wie wenn sie gerade zwei Ecstasy genommen hätte: »Welch ein Wesen ist dieser Goethe! wie groß und wie gut! Er geht so hin in seiner stillen Herrlichkeit wie die Sonne.«

Welche Art Gott er nun aber genau war und wie diesem zu begegnen sei, darüber sind die Meinungen vielfältig. Bettina von Brentano, die sich an Goethe die Finger verbrannte, schmachtet ihn eher backfischig und klassisch-antik an; ergriffen flüstert sie ihm zu: »Und du bist wie Zeus, du winkest mit den Augenbrauen, und der Olympus erzittert.«

Wo auch immer dieser »Olympus« bei Bettina verborgen

sein mag, Beistand erhielt die Dame von Friedrich Engels (»Goethe war auf seinem Gebiet ein olympischer Zeus«) ebenso wie von Alexander Herzen (»Goethe ist der Zeus der Kunst«).

Leider sind sich nicht immer alle so schön einig. Ferdinand Freiherr von Biedenfeld kann sich, als er Goethe begegnet, nur schwer entscheiden: Ist es »Achilles, der unnahbare« oder gar »Zeus Chronion«, der da vor ihm steht? Schwer zu sagen, jedenfalls steht keiner neben ihm: »Er ordnet, er befiehlt, er herrscht und hat seines Gleichen nicht neben sich. Er lohnt und begnadigt mit einem Strahl aus der Sonne seines Auges, oder er straft und vernichtet mit dem Blitz seines Blicks.« Und hat dich dann der Blitz getroffen, so »sinkt dein Blick betroffen zur Erde. Tiefe Stille herrscht, niemand wagt zu athmen«.

Sein Kopf sei ganz wie der eines »Jupiters«, meint hingegen Johann Ludwig Franz Deinhardtstein, beziehungsweise fast wie der eines »Jupiter stator« – das teilt zumindest Großfürst Nikolaus von Rußland 1821 nach eigener Anschauung mit.

Auch für den jungen Hnr. Heine »glich er in Denkweise und Gestalt« dem altrömischen Obergott, was umgehend von Johann Karl Braun Ritter von Braunthal verifiziert wird. Anläßlich eines Besuches bei Goethe im Jahre 1823 verkündet er: »Ich befand mich nur ein paar Schritte weit vor dem leibhaftigen Jupiter Olympicus in einem weißflanellenen Schlafrocke. Er faßte mich ins Auge wie die königliche Boa Constrictor ein Reh; nur zermalmte er mich nicht, sondern schritt langsam dem Diwan zu, mich mit sanfter Handbewegung einladend, ihm zu folgen und dann – an seiner Seite mich niederzulassen. Und nun an seiner, an Goethes Seite, vernahm ich, immer noch halb träumend, mit einmal kräftige und zugleich melodische Töne wie Orgelklänge.«

Goethe – ein Jupiter im Schlafrock, eine Boa Constrictor und ein weihevoller Blasebalg zugleich? Das soll ihm erst mal einer nachmachen! Derweil sich das Bild Goethes des Allmächtigen allgemach zu wandeln und zu ändern scheint: so viele Menschen, so viele Götter!

Doch wir wollen darob nicht zürnen, denn wer Gott liebt, der ehrt auch seine Boten. Friedrich Hebbel beispielsweise wendet sich bei seiner persönlichen Goethebetrachtung mehr nach Osten. Er erregt sich über die Altäre, die Goethe von seinen Verehrern errichtet wurden und schnüffelt mißvergnügt den Weihrauch in die Nase, den sie dort verbrannten, sich lustig machend über die, die sich dem »Dalai Lama« Goethe zu Füßen warfen. Hebbels besonderes »Entsetzen« erregt der Briefwechsel zwischen Charlotte von Stein und Goethe, »aus dem man erfährt, was der Gott an dem Tage gegessen und getrunken, und ob er das Compot zum Diner selbst geliefert hat oder nicht«. So sehr von dieser Welt darf ein Dalai Lama freilich niemals sein!

Und besagter Hei. Heine, der dem Überdichter eben noch als einem Jupitergleichen huldigte, bringt nun ganz überraschend das Mohammedanische ins Spiel; im Rahmen einer recht brunzdummen Abendgesellschaft wurde er von einer blödistisch veranlagten Dame befragt: »Doktor, was halten Sie von Goethe?«

Heine, gar nicht doof, legte darauf seine Arme kreuzweise auf die Brust, beugte gläubig das Haupt und sprach zum großen Erstaunen der Blöden: »La illah ill allah, wamohamed rasul allah.«

Der Düsseldorfer Altstadtjung als Muselmann mit Kopfwindel und Vollbartwucherung? Und Goethe nebendran, hingefläzt auf einen fernöstlichen Diwan? Kennt sich da noch einer aus?

Im Zweifelsfall nur Heine, der nun aber, um die Verwirrung komplett zu machen, wetterwendisch aufs Indische umschwenkt. Goethes Glubscher, predigt er, erschienen ihm »ruhig wie die eines Gottes«, und bekanntlich ist dies »das Kennzeichen der Götter, daß ihr Blick fest ist und ihre Augen nicht unsicher hin und her zucken. Daher, wenn Agni, Varuna, Yama und Indra die Gestalt des Nala annehmen, bei Damayantis Hochzeit, da erkennt diese ihren Geliebten an dem Zwinkern seiner Augen, da, wie gesagt, die Augen der Götter immer unbewegt sind. Letztere Eigenschaft hatten auch die Augen des Napoleon. Daher bin ich überzeugt, daß er ein Gott war.« Und Goethe sowieso.

Sogar Wolfgang Menzel, der Goethe mißliebige Stuttgarter Großkritiker, stellt mißgelaunt fest: »Goethe hat sich förmlich zu einem Gott einnimbusiert.«

Ähnliche Glaubensgrundsätze hat auch der livländische Maler Karl Graß, dem jedoch das christliche Dogma der Dreifaltigkeit nicht in den Kram paßt: »Dieser Mann ist in Weimar wie ein Gott. Aber es ist auch, wie *ein* Gott, nur *ein* Goethe.« Schiller sieht die Sache nicht anders, nämlich Goethe als »Gott«, der seine Majestät ausübe, »ohne sich selbst zu geben«, und Heinrich Voß bricht im allg. religiösen Überschwang sogar das Beichtgeheimnis: »Ich kann im eigentlichen Sinne sagen, daß mir Goethe alle meine Sünden vergeben hat.«

Wogegen die lb. Frau von Stein, die es doch wissen müßte, uns nur mitteilt: »Goethe ist selten zu sehen, und ist immer etwas um ihn, entweder eine Wolke, ein Nebel oder ein Glanz, wo man nicht in seine Atmosphäre kann.« Und Thomas Mann faßt, wie immer leicht uneindeutig, aber dennoch bestimmt, zusammen: »Etwas Göttliches war es mit ihm.«

Leider endet, wie so viele, auch diese Heilsgeschichte traurig. Bislang konnte sich kein Heiliger Vater in Rom je dazu durchringen, das Weltkind Johann Wolfgang in seiner vollen

Größe anzuerkennen. Goethe wurde nie Päpstlicher Protonotar, bekam nie den Gregoriusorden, der ihn berechtigt hätte, auf dem Pferd in den Petersdom einzureiten, es erfolgte weder die längst fällige Heiligsprechung, noch wurde ihm der Status der Seligkeit zugemessen oder auch nur die Leihbischofsmitra aufgesetzt. Kennt man in Rom etwa nicht das Urteil des Goethe- und Kunstfreundes Sulpiz Boisserée? Denn der bestätigt uns gerne: »Er ist ein gar wunderlicher Heiliger.«

Auch bei den Protestanten, die ihn doch zu den ihren zählen konnten, dachte man zu keiner Zeit daran, ihn etwa zum Superintendenten oder zum Ehrenmitglied des Mesnerbundes zu machen. Lag es bloß daran, daß er den christlichen Glauben, den ganzen »Religionsmantsch« meist »dezidiert« als bloßen Schwindel, fanatischen Aberglauben und lebensfeindliche Engherzigkeit abtat, verhöhnte und bekämpfte? Ja, sogar den frechen Störchen höchstes Lob aussprach für ihre »löbliche Tendenz, aufs Kirchendach zu scheißen«? Ausgerechnet jenen stelzbeinigen Klapperschnäbeln also, die dem Alten Testament als fromme Kreaturen (Hiob 39,13) gelten und von den Kirchenvätern als Vorbilder für die Befolgung des vierten Gebots hoch in den Himmel gehoben wurden.

Nein, die heilige Mutter Kirche ließ Goethe schön links liegen. Doch damit nicht genug – es fanden sogar fanatische Vertreter beider Heilseinrichtungen ein Gelüste daran, den Meister ausgiebig mit Teufelsdreck zu parfümieren und vor der gefährlichen Werksabzweigung zu dem Baalsdiener Goethe, dem Verführer der Jugend und altersgeilen Satansbraten, ein deutlich sichtbares Warndreieck zu placieren. Auch der hannöverische Adel, so bezeugt Hch. Heine, war mit Goethe sehr unzufrieden und behauptete steif und stock, er verbreite Irreligiosität.

Dafür wurde dem Olympier aber in weltlichen Kreisen

ausgiebig Weihrauch abgefackelt, in etlichen Kraftzentren der Goethe-Verehrung wie Berlin entwickelte sich schon zu seinen Lebzeiten ein schwülstiger Kultus, nach dem sich das Zentralkomitee der Katholiken nur so die Knusperfinger schlecken würde.

Da der Mann, der im Turiner Grabtuch lag, mit Goethe keine allzu große Ähnlichkeit aufweist, darf, ja muß man heute die Frage »War Goethe Gott?« immer noch ein wenig offen stellen. Obwohl sie eigentlich gar nicht eindeutig zu beantworten ist, schon gar nicht von uns.

Wir, nicht blöd, verweisen hier auf das beliebte Standardwerk von Oskar Geithner »Goethe im Lichte des Göttlichen« (Dessau 1932). Die Schwarte ist zwar über weite Strekken in »geiler Schreibe« (F. J. Wagner) abgefaßt, aber leider kann nicht einmal der liebe Geithner letztgültig klären, ob Goethe nun Gott war – aber er beschäftigt sich wenigstens ernsthaft genug mit diesem Problem; jedenfalls finden wir auf Seite 90 seines dickleibigen Werkes den Satz: »Es gibt Indizien dafür; zweifelsfrei zu beweisen ist es nicht.«

Merkwürdig genug, ja fast schon hochverdächtig dünkt uns die auffällige und verflixte Namensähnlichkeit zwischen den beiden G-Wörtern; wenn man diese doch nur auf den G-Punkt bringen könnte! Und das Spielchen geht sogar noch weiter: »Jugend ohne Gott« heißt ein Roman Ödön von Horvaths, »Jugend ohne Goethe« jedoch eine Schrift des schwäbischen Literaturwissenschaftlers Max Kommerell. Ist das nicht merkwürdig? Eben.

Und überhaupt: Die Theologen sagen immer, von Gott ließe sich nicht viel sagen, und dennoch tun sie es. Die Germanisten hingegen sagen, von Goethe läßt sich viel sagen, und auch sie tun es. Ist das nicht seltsam?

Nicht?

Wie schade.

P.S.: In letzter Sekunde gefundener Nachbeweis

Goethes Friseur betrieb bekanntermaßen einen schwunghaften Reliquienhandel mit den Locken, die er dem Meister vom liebevoll gekräuselten Haupthaar säbelte, um sie dann gegen Bares in die weite Damenwelt zu versenden. Aber hat Goethe auch Wunder getan? Lahme durch Handauflegen sehend gemacht, Tauben durch Anhauchen den Gebrauch der Füße zurückgegeben, Leuten mit großem Buckel mit Hilfe seines Speichels einen kleinen Kropf angehängt?

Keiner seiner Zeitgenossen hat solches mitgeteilt, genau wie im Fall Jesu seinerzeit. Vielleicht waren sie demütig des Wortes von Friedrich Maximilian Klinger eingedenk, der zum Ausdruck brachte, »daß wirklich über Goethe sich so wenig sagen läßt, als man eigentlich über den Sohn Gottes sagen sollte, wenn man ihn glaubt. Und so will ich auch schweigen.«

Ein Zeuge weniger, schon wieder schade. Aber wir bleiben dran: Wenn Goethe Gott und somit allmächtig war, dann hätte er doch auch alles tun können müssen: hexen, Wunder machen, alles wissen, überall mal gewesen sein usw. So gesehen ist die Beweislage nun schlagartig viel besser: Goethe konnte viel essen, malen, sogar Farben lehren, Kutsche fahren und dichten. Eigentlich schon ein Wunder, wenigstens ein kleines. Und was viele gar nicht wissen: »Er spielt Klavier, und gar nicht schlecht« (David Johann Veit). Da sind wir doch schon kurz vor der Allmächtigkeit!

Hoho! jetzt kommen wir in Fahrt: Wenn wir dann noch den hochgelahrten Schriftsteller und ausgewiesenen Götterexperten C. W. Ceram zu Rate ziehen (»Götter, Gräber und Gelehrte«), dann dürfte für Goethes Gottestum eigentlich alles geritzt und voll im grünen Bereich sein: »Es ist anzunehmen, daß es Goethe ohne Schwierigkeiten möglich gewesen wäre, die Wirkungsweise einer Dampf-Pumpe zu begreifen.«

Na? Ist das vielleicht nichts? Und wer weiß – vielleicht hat er sie ja sogar begriffen!

Was aber sagt Goethe höchstderoselbst zu dem ganzen Quatsch? Keene Ahnung, aber im Jahre 1810 sagt er zu Freund Knebel: »Ich lebe wie die unsterblichen Götter«; doch zu Bettina spricht er wesentlich weihevoller: »Gott umfaßt die Welt, und ich bin der selige Gott, den es durchdringt, daß er von seiner Welt empfunden wird, wenn er sie umfaßt.«

Dem Friedrich Wilhelm Riemer, der ihn ebenfalls auf die Problematik ansprach, teilt er, nun wieder vorsichtiger, mit: »Ich bin Gott darin ähnlich, daß er immer geschehen läßt, was er nicht will.« Mit anderen, aber doch wieder nur seinen eigenen Worten: »Ich habe den Teufel vom Göttlichen! Was hilft's mir, daß man mir nachsagt: das ist ein göttlicher Mann, wenn man nur nach eigenem Willen tut und mich hintergeht. Göttlich heißt den Leuten nur der, der sie gewähren läßt, wie ein jeder Lust hat.«

Eben. Machen wir also, was wir wollen und wollen dann auch zum Ende kommen. Das letzte Wort in dieser leidigen »Sache mit Gott« (Heinz Zahrnt) soll jedoch nicht Goethe, sondern einem studierten Philologen gehören: der unverfänglichen Stimme Friedrich Nietzsches, der Goethe nicht unkritisch gegenüberstand, dafür jedoch den heiligen Geist Eckermanns über den Schellenklee in den Himmel hob.

Nietzsche, beileibe noch bei klarem Verstand und vor seiner legendären Pferdehalsumarmung, zupft sich am gigantischen Schnurres, läßt evtl. einen Sils-Maria-Wind wie einen jesusmäßigen Donnerschlag streichen und proklamiert verrätselt und verschlüsselt, aber für jeden Eingeweihten klar verständlich: »Im Anfang war der Unsinn, und der Unsinn war bei G. und G. war der Unsinn.«

Mit Zapfenbräune Willy wählen?

oder Das große W in Goethes allerletzten Stunden

Pandora: Oh Vater, laß uns sterben!
Prometheus: Noch nicht.

Prometheus, II. Akt

»Lange leben heißt doch eigentlich nicht viel mehr als viele überleben«, hatte ein klappriger Dichterfürst manches Mal unter seinem grünen Augenschirm hervortriumphiert, als es deutlich 1832 und immer märzer wurde.

Wenn dagegen der sattsam bekannte Goethe-Gegner Ludwig Börne auf dieser Welt was zu melden gehabt hätte, wäre sein Spezialfeind wohl schon viel früher verstorben. Und nicht erst kurz vor dem Mittagsläuten des 22. März. Mindestens zwei oder zwölf oder besser vielleicht sogar zwanzig Jahre früher. Spätestens an Goethes Sterbetag, so hoffte Börne, »an dem Tage müsse die Freiheit geboren werden«.

Freiheit!

Was für ein Wort! Noch bevor die Christlich Demokratische Union es dem Sozialismus stramm entgegensetzte, noch bevor Marius Müller-Westernhagen schwärmerisch es besang, sollte der »graue Star im Deutschen Auge« (Börne) ihm durch pures Ableben wieder zu Glanz und Kraft verhelfen. Man traute ihm eben alles zu.

Aber warum auch nicht? Irgendwann mußte es ja sein. Und irgendwann mußte die schon aufgeregt in den Startlöchern mit den Hufen scharrende Goetheforschung endlich loslegen können. Je eher also, desto besser. Den einen würde er sowieso unvergeßlich bleiben, die anderen würden sich an ihn bald kaum noch erinnern können.

Bereits im Oktober 1832, ein halbes Jahr nach Goethes Tod, stellte das Zirkularium »Der Sachsenfreund« befriedigt, fast erleichtert fest: »Unser Goethe ist vergessen, wie zu erwarten war.« Warum zu erwarten? Weil Goethe zu menschlich war? I wo – im Gegenteil: »Menschliches aber hatte Goethe nicht, wie alle wissen, die ihn näher kannten, und nicht, wie eine Handvoll bissiger Goethemanen, mit Blindheit über ihn geschlagen sind. Er fühlte und litt mit keinem menschlichen Wesen außer ihm.« Das ging der Handvoll Goethemanen in Weimar über alle Hutschnüre, und der getreue Kanzler Friedrich von Müller ließ in einer Trauerrede empört verkünden, es dürfe »kein edles Herz in Weimars Mauern schlagen, dem Goethes Andenken nicht heilig wäre«. Goethe nämlich werde ewig leben, auch »wenn einst die Hand, die dies öffentlich niederzuschreiben wagte, längst unbekannt vermodert« ist.

Doch schon zuvor gingen die Meinungen darüber, ob und wie sehr Goethen überhaupt noch am Leben sei, ziemlich auseinander. Bereits 1807 schrieb Caroline von Herder an J. G. Müller: »Goethe ist für mich tot.« Während der Unterhaltungsschriftsteller Ferdinand Freiherr von Biedenfeld viel später zu einem ganz anderen Ergebnis kam. 1815 hatte Goethe Karlsruhe besucht und war dort auch an einem Vormittag dem umtriebigen Freiherrn vorgestellt worden; und keine 50 Jahre später verfaßte der sein Standardwerk »Ein paar Stunden mit Goethe in Karlsruhe«. Am Schluß des Erinnerungsblattes, nachdem die »volle Majestät seiner göttlichen Kraft und Gesundheit« und auch »die Jupiterswürde auf seinem schönen Antlitz« ausreichend gewürdigt ist, bekennt Biedenfeld: »Niemals sah ich Deutschland erhabenste

Größe wieder. Jetzt leben von jener ganzen Morgengesellschaft nur noch zwei; ich, auf der Erde herumstolpernd, oft fast überdrüssig der Gesundheit, oft im Bade der Erinnerungen mich erquickend, und Goethe, der niemals sterben wird.«

Ein Irrtum Biedenfelds, denn bald, ja jetzt gleich, ist es so weit. Oder jedenfalls fast. Daß die »Krone der Humanität« (»Dolf« Sternberger) nämlich noch zauderte, bis zuletzt ausharrte und partout nicht zum Abtritt zu bewegen war, hatte einen verblüffend einfachen Grund: das letzte Wort stand noch nicht fest. War noch nicht gefunden, nicht schematisch zurechtgelegt, ja noch nicht einmal in Ansätzen konzipiert.

Aber lange war es nicht mehr hin. Über dem Dache des Hauses am Frauenplan kreiste schon krächzend ein riesiges Rudel Lämmergeier, einige Krammetsvögel wohl auch, hin und wieder sprachen gar Sargtischler vor und deuteten mit knöchernen Fingern auf vorgehaltene Zettel: Sonderpreisaktion! Jetzt zuschlagen und den Deckel gleich mit!

Solche Gesellen konnten dem lebenstüchtigen Longvivant indes nicht imponieren. Wenn wieder mal einer, seine Ware klappernd übers Kopfsteinpflaster kutschierend, unterm Fenster vorbeizog, öffnete v. Goethe geschwind den Laden und schrie, die Urfäuste drohend in den nachtschwarzen Himmel gereckt: »Glaubt ihr, ein Sarg könne mir imponieren? Kein tüchtiger Mensch läßt seiner Brust den Glauben an Unsterblichkeit rauben!« Betreten trollten sich da die Damen und Herren Abdecker. Nein, hier war nichts zu holen.

Manchmal zog es ganz schrecklich in Weimar. Das war die neue Zeit, und die war Goethes nicht. Also mußte er weg, vom Erdboden verschwinden, und jetzt – ganz plötzlich! – war es soweit. Mors et fugacem persequitur virum. Zackbumm.

Über Goethes letzte Stunden fallen lange Schatten der Überlieferung, in denen er uns wie eine geisterhafte Erscheinung verschwindet. Im Jahre seines Hinschieds wurden in Schweden die Zündhölzer erfunden, wurde in den Straßen unserer prosperierenden Städte das Petroleumlicht durch das Gaslicht ersetzt, wurden die ersten Photographien angefertigt und die ersten tauglichen elektrischen Maschinen gebaut.

Ein Philosoph vom Schlage Blochs mag also behaupten, das alles sei die Erfüllung von Goethes letztem Wunsch nach »mehr Licht«, die schon milchig verschwommen vorscheinende Vision des scheidenden Sehers.

Aber wie eingangs wir schon erwähnten: Das letzte Wort lag noch nicht parat. Kein Sterbenswörtchen. Und es mußte doch eins her!

Denn wie wär' das über alle Maßen lächerlich: wenn eben der, der dieser Welt praktisch nichts als Dichtung hinterlassen hat; der in unzähligen Briefen, Schwänken, Anekdoten mit teils trefflichen, teils sogar unübertrefflichen Sentenzen und Maximen die Hauptrolle und allererste Geige spielt; der Werke in 55 Bänden hingeklotzt hat; der 13 Bände naturwissenschaftliche Schriften samt wissenschaftlichem Anhang, Farbtabellen und Inhaltsverzeichnis oben draufgelegt hat; der mit 15 Bänden Tagebüchern aufwarten kann; der summa summarum und nach Abzug der verbrannten immer noch 14 380 unverbrannte Briefe in über 50 Bänden in die Regalwand wuchtet – ja so gesehen eine komplette, meterlange und zentnerschwere Sophienausgabe in Schweinsleder darbietet –, sollte, ja konnte so einer ohne ein letztes, ein allerletztes defini- und ultimatives Wörtchen aus dieser Zeit scheiden? Einer Zeit, die jetzt eh schon ganz die seine war und seinen Namen trug?

Niemals, nie im Leben.

Just in diesem muß das Wörtchen aber noch gefunden

werden, damit's im Sterben locker und leicht über die Lippen geht. Anders ist das nicht zu machen. Wichtig nur, daß es cool rüberkommt und die Menschen schön in ihrem Aberglauben bestärkt, im letzten Lebensaugenblicke hänge neben dem Damoklesschwert auch noch das Füllhorn höherer Eingebung über einem.

Leider ist es nicht jedem gegeben, sein letztes Wort zu einem geflügelten werden zu lassen. Nicht jeder kann mit derart Profundem wie Unwiderlegbaren scheiden wie etwa der legendäre Hotelkettenmogul Conrad Hilton, der der Nachwelt die ewig gültige Maxime überließ: »Der Duschvorhang gehört ins *Innere* der Wanne.«

Ob Uwe Barschel vielleicht Ähnliches gedacht haben mag?

Zu vermeiden sind auch allzu kräftige Untertreibungen und Hintanstellungen der eigenen Person; man soll sich nicht kleiner machen als man ist. Man denkt hier vor allem an den spanischen General Bolivar (1,69 m), nach dem doch immerhin ein ganzes langweiliges Land, nämlich Bolivien, benannt ist. Dessenungeachtet schied er bescheiden und röchelte auf dem Sterbebett hinaus: »Die drei langweiligsten großen Figuren, die ich kenne, sind Christus, Don Quixote gewesen und ich.«

Wenig empfehlenswert, auch wenn das im Sinne des christlich-ökumenischen Verbrüderungs- und Versöhnungsgedankens vielleicht sogar hoch anrechenbar sein mag, dünken finale Verweise auf Konkurrenzwerke (Franz Liszt schrie: »Tristan!«) oder gar echte Konkurrenten (Gustav Mahler: »Mozart!«). Nicht auszudenken, wenn Goethe, den phantastischen Bestsellererfolg seines Schwagers vor dem halb gebrochnen Auge, mit einem dreifach zackigen »Rinaldo Rinaldini!« von uns gegangen wäre!

Oder gar einem verzweifelten »Vulpius!«

Obwohl, das hätte man wahrscheinlich noch leicht als

letzte Ergebenheitsadresse an die liebe heimgegangene Gattin ausdeuteln und deren populären Bruder und Räuberhauptmannromanautor somit galant unter den Tisch kehren können.

Manch einer hat mit seinem letzten Wort Bekannteres hinterlassen als alles, was er zuvor geleistet und geschaffen hat: Sir Peter Ustinov gelang es in Gestalt des Lustmolches Nero, sich mit dem letzten Wort »Qualis artifex pereo!« ins Gedächtnis der Massen zu pressen. Kein Sätzlein aus den unerträglichen Dichtungswerken des Sex-and-Crime-Cäsaren blieb bei seinen Hörern haften, nur jenes allerletzte eben: welch ein Künstler mit ihm stürbe.

Goethe-Feind Börne näherte sich übrigens dem Verhaßten beim eigenen Ableben wieder an, als er noch die Anweisung gab: »Zieht die Vorhänge auf! Ich möchte gerne die Sonne sehen ...«

Abzuraten ist auch von Ankündigungen, deren praktischer Vollzug im Bereich des nicht mehr Machbaren liegt. Sie lassen den wissenschaftlichen Eierköpfen dieser Erde einen zu schmalen Interpretationsrahmen für ihre Ausdeutungen. Trauriges Beispiel: Günter Strack.

Dem Iffland unserer Zeit war es weder vergönnt, sein Idol Johann Wolfgang im Rahmen etwa einer turbulenten Sat 1-Serie »Der Erlkönig von Weimar« oder so zu verkörpern (obwohl er über alle Maßen dazu prädestiniert gewesen wäre – wie Goethe war er Hesse, zwar nicht aus Frankfurt, aber immerhin, wie Goethes Jugendfreund Merck, aus Darmstadt), noch sind die Worte, die er seiner Frau zuletzt noch zurief, von echter stiller Größe: »Ich bin gleich wieder unten.«

Nein, das ist ja noch nicht einmal edle Einfalt! Und daß der rundum beleibte und allseits beliebte Volksschauspieler dies im Hinblick auf eine eventuell ins Auge gefaßte Resurrektion formulierte, darf füglich bezweifelt werden!

Kaum eindrucksvoller klingt uns der Letalimperativ Thomas Manns in den Ohrwascheln, der es als legitimer und eigentlich schon halbamtlicher Nachfolger Goethes auf Erden (»Lotto in Weimar«) im Grunde hätte besser wissen müssen. Nein, profane Worte wie »Gebt mir meine Brille!« sollte man der Nachwelt tunlich nicht ins Stammbuch schreiben. Zumal, und das hätte Mann nun wirklich wissen müssen, Goethe in seinem Leben kaum etwas tiefer verachtet hat als: Brillen!

F. W. Bernstein

Goethe wußte unbedingt, worauf es ankam. Der Poet deutet eben immer auf die Stelle hin. Er hat tüchtig gemeckert und scharf bemängelt, daß es der seinerzeit in Frankreich zur Enthauptung abgestellten Madame Roland untersagt war, auf dem Blutgerüste die »ganz besondern Gedanken« aufzuzeichnen, die ihr zuletzt durch den noch gut befestigten Kopfe gingen. »Denn«, so schloß Goethe reflektiert maximenhaft, »am Ende des Lebens gehen dem gefaßten Geiste Gedanken auf, bisher undenkbare; sie sind wie selige Dämonen, die sich auf den Gipfeln der Vergangenheit glänzend niederlassen.«

Weiß man's? Nein. Aber man ahnt es. Und weiß, daß die Nachwelt nichts gieriger aufschnappt und in alle Winde, Journale und Kanäle verstreut als hingehauchte letzte

Worte. Als Goethes Gönner Wieland samt seinem fulminanten Riesenzinken über den Jordan gesetzt hatte, kabelte der Geheimrat aufgeregt an seinen Kumpel Knebel nach Jena: »Ich weiß nicht, ob dir schon zu Ohren gekommen ist, daß seine letzten Worte waren: ›To be or not to be, that is the question.‹ Das heißt doch seinen Skeptizismus bis ans Ende bewahren.«

Hier irrte allerdings Goethe bzw. Wieland. Denn, seien wir ehrlich, eine echte Frage (»question«) ist das nun wirklich nicht und der »Skeptizismus« somit nur einer für Arme. Wer noch derart schlaumeierisch daheranglisieren kann, Herrschaften, der ist doch noch quicklebendig und beileibe nicht tot! Solche noch dazu auswendig gelernten Sperenzchen sollten nicht als letzte Worte herhalten dürfen sollen müssen! Aber welche dann?

»O nein! Die Zerstörung!«

Das kam nicht in Frage, denn das hatte er ja schon bei Schillers Tod gesagt.

»Denn ich war unser!«

Ging auch nicht, denn das hatte er schon im Rahmen der Schillertrauer geschrieben, zumindest so ähnlich (»Denn er war unser«). Außerdem ist es semantischer Unsinn, denn Goethe ist ja noch, wenn er dies sagt. Aber »Denn ich bin unser« wäre auch Käse, weil gleich ist er ja nicht mehr.

»Über Gräber vorwärts!«

Keine Chance, das war auch ganz unten durch, das hatte er ausgegeben, als er die Nachricht vom Tod des Sohnes August empfing. Vielleicht besser was Positives, etwas nach vorne Weisendes?

»Die Bäume treiben Knospen, und alle Welt hofft.«

Eigentlich nicht schlecht, aber das sagt ja schon der sterbende Götz von Berlichingen in dem nach ihm benannten Goethedrama. Kann man also auch vergessen. Wie wäre es dann vielleicht mit etwas müd' Ironischem?

»Ein Trauerspiel, allein was soll ich damit?«

Das hat was. Aber wahrscheinlich käme doch recht bald raus, das er dies bereits am 29. Januar 1829 zu Eckermann gesagt hat, und dann ist das Geschrei wieder groß. Man jammere jedoch lieber nicht, sondern kehre in sich und gebe fein Ruh, denn Genaues wissen wir ohnehin nicht, und so bleibt nur eitel Spekulieren.

Über die letzten Stunden und Minuten des hessisch-sächsischen Olympiers gibt es ebenso viele wie widersprüchliche Aussagen. Vielfach ist man der Ansicht, Goethes letzte Vergabung an die Nachwelt sei die Forderung nach »mehr Licht« gewesen.

Das paßt ja auch wie der Urfaust aufs Auge. Der Verlöschende ruft nach Helligkeit und setzt so seiner künftigen Verehrung ein erstes und ewiges Highlight auf. Oder nahm er nur die Osram-Werbung vorweg: »Hell wie der lichte Tag«? Wollte er der Gesamtwelt ein ähnliches Rätsel aufdrücken wie Citizen Kane mit seinem letzten Wort »Rosebud«? Oder wollte er damit sagen: »Wenn du denkst, es geht nicht mehr, kommt von irgendwo ein Lichtlein her«? Oder, um das Spielchen noch weiter zu treiben und die Nase mal wieder in ein gutes Buch zu stecken –, sagte er gar etwas ganz anderes als alles bekannte? War etwa Thomas Mann in der guten Sterbestube versammelt? In seiner »Phantasie über Goethe« fabelt der verehrte Großschriftsteller: »Man sagt, sein letztes Wort vor dem Hinüberschlummern sei gewesen: ›Laßt mehr Licht herein!‹ Es ist nicht ganz sicher. Aber was er wirklich gesagt hat, sein eigentlich letztes Wort, ein Wort gegen den Tod und für das Leben, ist dieses: ›Es gilt am Ende doch nur vorwärts.‹«

Dies, lieber Herr Skribent, ist freilich hoch spekulativ, und bei so was machen wir nicht mit! Wir halten uns streng an die Fakten, daher wissen wir auch heute mit letzter Sicherheit, daß der orientalische Oberilluminat Ay. Chomeini auf seinem fernöstlichen Sterbediwan sagte: »Macht das Licht aus!«

Zwei Menschen, zwei bis drei Meinungen, so ist es ja immer; aber was will uns das sagen? Licht aus, Licht aus, Vater holt den Dicken raus? Das wohl eher nicht – aber was dann? Goethe sprach, es werde Licht, doch er fand den Schalter nicht? So spricht immerhin der Volksmund, und der irrt bekanntlich nie. Wir wollen jedoch nun einhalten, den Scheiß bleiben lassen, denn so drehen wir uns letztlich nur munter selig im Kreise: Licht an, Licht aus, das bringt uns doch nicht weiter. Hier kann uns nur einer aus der Patsche helfen, einer, der mit G anfängt und mit oethe aufhört.

»Verwirrende Lehre zu verwirrtem Handel waltet über die Welt, und ich habe nichts angelegentlicher zu thun als dasjenige was an mir ist und geblieben ist wo möglich zu steigern und meine Eigenthümlichkeiten zu cohibiren«, schrieb er noch am 13. März »treu angehörig« an seinen vornehmsten Brieffreund Wilhelm von Humboldt. Goethe, vormals ein unerbittlicher Klar- und Durchblicker, zeigt sich plötzlich verwirrt und orientierungslos. Den »Faust II« hat er vor einigen Monaten abgeschlossen, draußen ist helllichter Dienstag, er jedoch raisoniert: »Der Tag ist aber wirklich so absurd und confus, daß ich mich überzeuge, meine redlichen, lange verfolgten Bemühungen um dieses seltsame Gebräu würden schlecht belohnt und an den Strand getrieben, wie ein Wrack in Trümmern daliegen und von dem Dünenschutt der Stunden zunächst überschüttet werden.«

Verwirrtes Gestammel eines alten Mannes, Demenz hoch zehn. Er hat doch keine Flaschenpost geschrieben, sondern nur den zweiten Teil seines Hauptwerkes! Weiß er das nicht mehr? Oder will er es nicht wissen? Was geht eigentlich in diesem Greisenhirn vor?

Vieles, gar kreuz und auch quer:

Zuletzt doch scheißig gestrandet. Was könnt' ich nur sagen? Laßt fahren hin das Allzuflüchtige? Jedesmal, wenn dann ein erbärmlicher Lehrer einer Flatulenz obliegt, wird er ein solches Wort mißbrauchen. Ich könnt' mich reinheraus ohrfeigen, daß ich nicht zum Teufel ging, als ich noch flott war. Muß doch zu dichten geruhen beim Abtritt. Muß praktisch was Äffisch-Artiges bringen. Je wunderlicher, desto respektabler, das freut mich alten Fabler. Was extra Dummes wär' auch schön, sagt Prometheus, der das Ding verstehen muß. Gute Köpfe und Sinne sollen schon zu tun haben, wenn sie sich zum Herrn machen wollen von allem dem, was da hineingeheimnisset werden kann. Wenn ich an meinen Tod denke, darf ich, kann ich nicht denken, welche Organisation zerstört wird. Wenn er eintritt, unter der Unform eines klappernden Gerippes, dann geht davon eine neue Epoche der Weltgeschichte aus, und ich könnt' sagen, ich bin dabeigewesen. Oder ihr? Freilich: ihr seid dabei gewesen, so muß es heißen. Im ernsten Beinhaus war's, wo ich beschaute, wie's Schillers Schädel runterhaute. Die alte Zeit, gedacht' ich, die ergraute. Bald kommt er, der Bruder, bald kommt er, der – Tod. Komm! Hebe mich zu höhern Sphären! Wenn er mich ahnet, folg' ich nach. Nach Ihnen, Freund Hein! Heiliger Sankt Sensenmann, verschon mein Leib, schneid andre an! Eile mit Weile, vielleicht bleib ich noch ein Weilchen. Vielleicht nicht. Doch wenn ich weg bin – was wird bleiben? Wenig von meiner Dichtung wahrscheinlich, aber egal; ich habe der Welt die Augen geöffnet und ihr eine Farbenlehre gegeben. So sind doch meine optischen Studien das, was unabrückbar in die Zukunft weist. Ich erfand den Tasso, den Faust, den Werther, den Götz und was da Menschen mehr sind. Und meine arme Seele, meine Idee, ja meine Monade wird bleiben. Nicht nur monade-, quatsch, monatelang, sondern ewisch und drei Daach. Diese meine Idee gibt es, wie es eine Weltmonade, eine Weltseele gibt, ebenso wie es eine Ameisenmonade, eine Ameisenseele gibt. Ob der Falk das überhaupt verstanden hat, als ich ihm das seinerzeit erklärte? Sei's drum, darum geht es sowieso nicht. Viel mehr geht es um die Urpflanze. Sie hab ich erfunden und geheget und der Welt in den Garten des Wissens gesetzt. Auf daß sie wachse und gedeihe, hoch und höher hinauf über Äste und Zweige und über allen Wipfeln ist Ruh. Warte nur, balde ruhest auch du. Quatsch – du auch.

Allmählich wird es aber nun genau die höchste Eisenbahn, die Goethe noch am Frankfurter Hauptbahnhof hatte abfahren sehen, wie wir von dem hervorragenden Vollbartphilologen Fritz »Joethe« Raddatz wissen. Wenn jetzt nicht bald was Entscheidendes passiert, stirbt der alte Geheimerat wohl nie. Man muß zu Potte kommen, sonst hätten wir dieses Kapitel ganz umsonst angefangen.

So ein Tod, ein eigener zumal, will allerdings auch schonend und gründlich überdacht sein. Und damit hatte der Alte in letzter Zeit so seine Schwierigkeiten. Entschlossen diagnostizierte also sein Leibarzt Dr. Vogel: »Es wurde Goethen, der, von seiner frühen Jugend abgesehen, vielleicht jederzeit zur Bedächtigkeit und Umständlichkeiten neigte, im höheren Alter ungemein schwer, Entschlüsse zu fassen.« Kein Wunder, daß er sich da nur schwer für ein Abschiedswort entscheiden konnte.

Nun jedoch, wir schreiben schon mal ganz unbarmherzig den 22. März 1832, wurde es allmählich auch Zeit. Gute 82,71 Jahre war er jetzt alt, weit über dem Altersdurchschnitt seiner Zeit; so alt wie uns heute etwa ein Ernst Jünger von 176 Jahren erscheinen würde. Wollte Goethe es vielleicht auch so weit bringen bzw. so lang?

Fast drohend klingen uns die Worte noch im Ohr, die uns Goethes unermüdlicher Gesprächsteilnehmer Johann Peter

Eckermann überliefert: »›Da ist der Sömmering gestorben‹, fing Goethe an, ›kaum elende 75 Jahre alt. Was doch die Menschen für Lumpe sind, daß sie nicht die Courage haben, länger auszuhalten als das! Da lobe ich mir meinen Freund Bentham, diesen höchst radikalen Narren; er hält sich gut, und doch ist er noch einige Wochen älter als ich.‹« Das war am 17. März 1830. Zwei Jahre später war er dann auch weg.

»Ich meinte immer, er müßte hundert Jahre alt werden«, schrieb Holtei nach Goethes Tod und hatte sich glücklicherweise geirrt, wo nicht verrechnet. Es warteten doch schon so viele auf seinen Abgang, fast so viele wie Jahre später Menschen auf die Abwahl von Helmut Kohl. Die Goethezeit tickte dem Ende entgegen, aber, starrsinnig wie nur Greise sein können, – er wollte halt noch nicht.

»Ich erscheine mir selbst immer mehr und mehr geschichtlich«, brummelte er abermals unter seinem grünen Augenschirm hervor, den er zu Hause immer dann trug, wenn es zu hell war. Und das war es eigentlich immer.

Was wollte er hienieden eigentlich noch? Die meisten, die besten und prächtigsten Kerle und Weiber um ihn herum waren doch schon unwiderruflich abgetreten: Schiller tot, ein viel zu früher, überstürzter, ja fast kopfloser Abgang; die Herzogin Anna Amalia, die ihn einst hierher nach Weimar gelockt hatte, von der Bildfläche verschwunden; die liebe Christiane, Bettschatzhäsin und Gemahlin, hatte es schon vor Jahren und unter fürchterlichen Umständen direkt von der Flasche weg aus den Tanzschuhen geschrägt; einige Jahre später machte auch die lb. Frau von Stein ganz fürchterlich schlapp und ihrem eigenen Spuk ein Ende; wenig später ward der fürstliche Freund und Gönner Carl August aufgefordert, seine 4082 Silberlöffel komplett abzugeben; schließlich, Knall auf Fall, war auch die Herzogin Luise nicht mehr gut zu retten und sank dahin; Tage später, Goethe hatte gerade wieder »an den Medaillen rangirt« und einige Betrachtungen von höchst eminenter Wichtigkeit im sanft wackelnden Jupiterkopfe angestellt, da überbrachten ihm Kanzler von Müller und Hofrat Dr. med. Vogel die Nachricht vom gefälligen Ableben des »trefflichen Sohnes« in Italien. Weil ihn ein italiänischer Blutsturz ereilt und in Rom an Ort und Stelle dahingerafft hatte. Prösterchen!

Der Daus, durchzuckte es den denkenden Dichter, nicht der Jüngere schließt dem Älteren immer das Auge. Aber hätt's mein August mir geschlossen, ich wär bestimmt dabei erblindet.

Nein, ein paar Jahre wollte er's da schon noch packen. Mit Mühe war gerade in der Gegend die Cholera, dieses asiatische Ungeheuer, abgewehrt worden – was soll einem da jetzt noch groß passieren? Und genügend rüstige Mitstreiter und gute Kumpelinos waren auch noch da!

Der alte Sanges- und Duzbruder Zelter wurde gleichfalls immer älter und scherte sich nicht ums Sterben. Ja auch Knebel, die derbe Pottsau, der Urfreund aus Jena, auch der war ja noch immer wacker am Werkeln. Wenn ihm nicht gerade wieder ein eingebildetes Zipperlein zu schaffen macht, so mochte er itzo bestimmt wieder die Poesie das Fürchten lehren mit seinen sentimentalischen Altherrenetüden. Humboldt freilich war auch noch höchst präsent und stark im Saft, eben war noch ein gewaltiger Brief an ihn abgegangen; soll er sich nur die Zähne ausbeißen an diesem krausen Geschnarre. Bald werd' ich noch eine Depesche an Boisserée in Heidelberg fertig machen, der ist ja wenigstens auch noch da. Sicher, natürlich auch Eckermann, dieser ewige und unaufhörliche Eckermann. Und Meyer selbstverständlich fuhrwerkte ja auch noch durch die Gegend, nein, dieser unsägliche Kunscht-Meyer! Was für ein Wasserträger! Meyer hier, Meyer da, gestatten Johann Meyer, großes M, kleine Eyer, haha. Und wenn Meyer nicht zugegen, ist unfehlbar von Müller zur Stelle, dieser furchtbare Jurist.

Eigentlich eine fatale Existenz, dieser knopfäugige, ondulierte Advokat. Advokaten und Soldaten sind des Teufels Spielkamraden. Wenigstens ist Meyer kein Soldat, obwohl – einfältig genug ist er geradewegs. Und einer von beiden lungert ja doch immer hier im Hause herum. Um mit dem Bibliothekar Riemer, diesem trocknen Schleicher, bedeutsame Blicke zu tauschen, wenn sie denken, ich schaue grad nicht hin, wenn sie denken, ich sei mal wieder metertief in meine Betrachtungen und Ausführungen vertieft – ha! Die Blindfische!

So bin ich, wenn's recht ist, doch gar nicht allein. Doch gar nicht!

Der zweite »Faust«, so kam es ihm grad aufs Neue in den Sinn, war fix- und fertiggestellt, abgeschlossen und eingesiegelt – was soll da jetzt noch kommen? Im Grunde ist's jetzt ganz einerlei, ob und was ich noch etwa tue. Gibt es denn überhaupt noch Menschen da draußen, die meine sehr ernsten Scherze verstehen? Und auch kaufen und berappen?

Überhaupt: Wie vieler Geburtstage lohnte sich's noch zu harren? Hatte Goethe noch große Geschenke zu erwarten? Außer dem Stein der Weisen und den Diamanten des Salomo fehlte ihm fast nichts mehr in seiner Mineraliensammlung mit den allein 700 Tuffsteinen. Eine zweite wollte er in seinem Alter nun wirklich nicht mehr anlegen, das wäre ja totaler Wahnsinn.

Höchstens noch Erotica konnten ihn delektieren, aber dieser andere Krempel, der da in den Kästen vor sich hin verstaubte? Soll er doch. Und war er etwa scharf auf noch mehr Kolossalbüsten von sich? Vor drei Jahren hatte ihm David schon mal eine geschickt. Ein Mordsbrocken, ein Trumm, ein ganz enormes Riesentrumm von einer Kolossalbüste. Einerseits eine schöne Büste, andererseits aber auch zu kolossal. Man hätte zwei draus machen sollen, dann könnt ich jetzt eine verkaufen und hätte einen schönen Schnitt gemacht. Aber so?

Da war ihm doch das Siegel lieber, das ihm vor zwei Jahren aus Britannien gesandt worden war von den Herren Jungdichtern Carlyle, Scott, Churchill, Wordsworth und werweißnoch. Was für ein super Siegel! Alles, was die Goldschmiedekunst leisten kann, ist hier zu schauen. Es ist bequem in der hohlen Hand zu fassen, allenfalls mit einer länglichen Vase zu vergleichen. Aber was, um Himmels willen, soll ich mit einem Siegel anfangen, das aussieht wie eine längliche Vase? Am Ende schicken mir diese verrückten Inselaffen demnächst noch eine Vase, die wie ein Siegel aussieht! Was dann? An ein ordentliches Pfund Marzipankonfekt oder einen Ranken Chesterkäse denkt mal wieder keiner!

Doch nun ist es soweit. Der nächstliegende Schritt ist zu tun. Wir stehen kurz vor dem Sterbezimmer. Bis zu Goethes »ungemein sanftem Tod« (Dr. Vogel) müssen wir uns nur noch ein ganz klein wenig gedulden. Wir wollen unser Gemüt nun in eine bukolisch heitere Stimmung versetzen.

Uns Nachgeborenen und Nachlesenden ist Goethes Tod nämlich mitnichten eine Tragödie, eher eine volksschwankhafte Komödie, eine irre und wirre Totenbettszene, wie direkt von der Theaterbühne herunter gegeben. Aufs Trefflichste ist im Haus am Weimarer Frauenplan schon derart für die dramatische Einheit von Raum und Zeit gesorgt, daß Lessing seine pure und reine Freude daran gehabt hätte.

Sehr übersichtlich war die Bühne und ist sie heute noch: drei kleine Stuben im Hinterhause, zuerst das Arbeitszimmer mit dem gleichgültigen Dielenboden, einigen Regalen und Magazinschränken, einem ordentlichen Tisch und einer schwachen Handvoll Stühle; durch die Türe gelangt man ins trauliche Schlafkabinett mit nur einem Fenster und dem klobigen Bett. Am Kopfende steht anbetroffen der grün bezogne Sessel, den er von Caroline von Egloffstein zum Geschenk erhalten hatte. Eins weiter, in einer Kammer mit zwei Fensterlein, haust der Diener Friedrich und wartet, daß es schellt. Schon seit Jahren. Dann muß er sich sputen, weil der Alte schon wieder am Glockenzug gerüttelt hat.

Wundert's etwa noch einen, daß selbstredend auch schon wieder unser Nationalgroßdichter und Goetheghostwriter Th. Mann seine Nase frech in dieses Kämmerchen gesteckt hat? Und so läßt er im berühmten Aufwach-Monolog der »Lotti in Weimar« (19,90 Mark) Goethe ob des Glockenzugs über seinem Bett fabulieren: »Das denk ich jeden Morgen beim Schellen, daß der vergoldete Griff vom Glockenzug gar nicht hierher paßt. Wunderlich Stückchen Prunk, gehört eher nach vorn in den Weltempfang als ins klösterlich Geistige hier, ins Reservat des Schlafs und die Hamsterhöhle der Sorge.«

Da lag nun Goethe, schön warm eingemümmelt ins warme Wollzeug, und ließ das Klingeln erst mal bleiben. Direkt krank war er ja nicht, er war schließlich Klassiker und kein hoffnungsloser Romantiker. »Die Klassik ist das Gesunde, die Romantik das Kranke«, hatte er weiland so blendend konstatiert, noch besser konnte er's nun wirklich nicht mehr ausdrücken.

Als Kind hatte er die Masern, Pocken und Windblattern leiden und erdulden müssen, als Jüngling gar eine ausgewachsene Lungentuberkulose, Halsentzündungen stellten sich ein, der eine oder andere geharnischte Blutsturz machte dem Vitalsystem zu schaffen, eventuell war auch wo was geschwollen oder tat wehe, zerrte oder zwackte, gelegentlich schmerzte eine Nierenkolik bzw. Wanderniere, ein Rheuma kam und blieb eine Zeit, mit großer Anteilnahme des Patienten wurde eine Schwellung in der Leistengegend erkannt, verfolgt und wieder wegbehandelt, Aderlässe waren bekannt und gefürchtet, eine Gesichtsrose wanderte ihm über die Physiognomie, mit 70 ereilte den Senior gar ein richtiger Herzinfarkt, den er aber, Aeskulap sei's gedankt, vorbildlich überlebte.

Das alles mag sich als Gesamtbulletin schlimm anhören, alles relativiert sich aber vor dem heutigen und als gesichert anerkannten Wissensstand: daß nämlich in all den Jahren bei Goethe weder eine Querschnittslähmung noch eine Stumpf- oder gar Stielamputation zu verzeichnen war. Und das ist ja schon mal viel wert. Goethe, so wollen wir uns merken, war, wenn nicht gesund, auch mal krank und mußte leiden. Welchen Umstand der unbestechliche Hofmedicus Dr. Vogel in die schönen Worte faßte: »Am häufigsten litt Goethe an Lungencatarrhen und an Zapfenbräunen.«

So unangenehm das unter Umständen sein mag – zugrunde gehen mußte er an diesem Farbphänomen nicht. Sterben mußte er, weil er sich einige Tage zuvor auf einer Spazierfahrt oder sonstwo erkältete, eine Lungenentzündung einfing und das darauf folgende Herzversagen nicht vollständig überlebte. Da wußte auch sein Arzt nicht mehr zu helfen.

Weißkittel und Medikaster hatte der edle Dichterfürst schon so einige verbraucht, viele Ärzte insgesamt, ja schon fast eine Ärzteschwemme; von denen die meisten namentlich durch prägnante Einsilbigkeit von sich reden machten: die Frankfurter Doctores Crisp und Metz, die Professoren Reil aus Halle und Stark aus Jena, sie alle heilten und halfen, wo sie nur konnten. Am besten aber sprach Goethe über seinen letzten Leibdoktor: »Dr. Vogel ist klar, offen und heiter, sein Handwerk versteht er, und so wird alles gut gehen.« Nein, mit Lob über diesen Mediziner sparte Goethe nicht. »Ich sehe in ihm einen der genialsten Menschen«, hatte er dem Hauslehrer Soret erst unlängst eingeschärft, der dies beeindruckt nickend zur Kenntnis nahm, denn von Medizin hatte er keinen Schimmer.

Dafür war Goethe ja fast selber Arzt. Zwar kam er mit dem komplizierten neuen kassenärztlichen Abrechnungswirrwarr überhaupt nicht zurecht, dafür hatte er aber chirurgisch einiges auf der Bettpfanne. Immerhin war er einst dabei gewesen, als man Herdern ohne Betäubung den Nasenknochen durchbohrte. Und eines schönen Tages entdeckte er mitten im eigenen Gesicht den menschlichen Kiefer oder nur einen darin hausenden Knochen oder so was Ähnliches. Aber wenn es mit der Heilkunde vielleicht doch etwas haperte – dann war immerhin sein Denkmalsgenosse Schiller recht eigentlich und ausbildungshalber: Arzt.

Kurios, kurios, sinnierte Goethen, da habe ich einfach so einen ganzen Knochen entdeckt, und mein tabakqualmender Arztkollege nur einen Kragen und ein seltsam gekrümmtes Räucherfischstück, das seinen Namen fürderhin fortleben läßt.

Ganz unproblematisch war Goethe als Patient aber nicht. Zwar verzichtete er darauf, den lieben langen Tag zusammen mit anderen Rentnern im Wartezimmer zu kampieren, aber er hatte schon eine »eigenthümliche Unfähigkeit, körperliche Übel mit Geduld zu ertragen«, wie Dr. Vogel bemängelte. Dafür wurde jedoch die spezielle Gabe, seine Empfindungen und Übelkeiten dem Arzte zu schildern, von Vogel hoch gerühmt. Mit Rhabarbertinktur, Goldschwefel und einem kräftigen Aderlaß hatte er schon so manchen drohenden Stick- und Schlagfluß in den Griff bekommen. Nur einige Male, als Vogel versehentlich einige Gran zuviel eines Abführmittels eingab, maulte er: »Es ist ein Stillstand in meinen Funktionen eingetreten.« Was immer das heißen mochte.

Aber nun – an Aufschub ist nicht mehr zu denken – öffnen wir die Türe zum Sterbezimmer. Quieeetsch…

Puuuuh!

Wie riecht denn das? Ja noch schlimmer als in einer großen Männerumkleidekabine voller alter Socken! Dünste, Dämpfe und Miasmen umspielen sich in zähen Wolken, verzweifelt klebt die Brauchluft unter der Decke und wartet auf Entsatz. Vergeblich, Goethe war dagegen. »Wie sein Freund Schiller die Ausdünstungen faulender Äpfel, so liebte Goethe eingeschlossene Zimmerluft«, bekundet Dr. Vogel. »Nur mit größter Mühe konnte man ihn bewegen, ein Fenster öffnen zu lassen, damit sich die Luft in seinem Schlaf- und Arbeitszimmer erneuere.«

Der Dunst ist aber nicht allein dem dahindämmernden »Heros der teutschen Geisterwelt« (Ch. W. Hufeland) zu danken, nein, da helfen noch viele kräftig mit. So übersichtlich die Location, so unübersichtlich, wechselhaft und übertrieben die Besetzung. Immerhin stand Weimars größte Errungenschaft am Scheideweg, und das wollte sich, wenn irgend möglich, keiner entgehen lassen.

Von einem Tod in aller Stille kann also kaum die Rede sein. In seinen letzten Siechetagen und -stunden drängten sich in seinem engen Schlafkoben und nebenan im Arbeitszimmer fast dauerhaft: der vielbeschäftigte Leibarzt Dr. Vogel, Ottilie von Goethe geb. Pogwisch – Goethes »exzentrische Schwiegertochter« (G. v. Wilpert) –, die Enkel Wölfchen und Walther und gelegentlich auch deren Hauslehrer Wilhelm Rothe, freilich auch der Oberbaudirektor Clemens Wenzislaus Coudray, der sich in seinen eigenen Äußerungen über Goethes Tod später sogar widerspricht, und natürlich der alerte Jurist und Kanzler Friedrich von Müller, des weiteren der gute und unvermeidliche Doktor Eckermann, der Mineraloge und langjährige Hausfreund Frédéric Soret, dazwischen einige Maurerbrüder aus der Loge Amalia, dauerhaft und Tag und Nacht Goethes Faktotum, der Diener Friedrich Theodor Krause, unterstützt und flankiert vom Kopisten Johann John, seit 18 Jahren Goethes Sekretär und Schreiber, darüber hinaus auch der Revisor Friedrich Wilhelm Riemer und – und dann noch die ganzen Möbel!

Fast wäre auch noch der junge Großherzog zugegen gewesen, unter der Türe erkundigte sich der noch nach dem Befinden des alten Ministers. Allein, man ließ ihn nicht vor, es sei schon zu spät und auch passe er selbst beim besten Willen nicht auch noch in das enge Kabinett neben des Meisters Schlafzimmer, da war ja schon alles gestopft voll bis obenhin. Nein, sorry, für einen Großherzog, selbst für einen ganz jungen, dünnen, frischen, sei da kein Eckchen mehr freizuräumen, Sie verstehen? Ja, ich verstehe.

Sie alle, die manchmal elf bis achtzehn Herrschaften wissen, daß mit Goethes letztem Stündlein auch ihr eigenes großes schlagen wird. Es ist die letzte Gelegenheit für alle Endzeitgenossen und Augenzeugen, sich als Überlieferer ins Gespräch zu bringen und ungeheuer wichtig zu machen. Geschichte wird gemacht, Dabeisein ist alles!

Viele ärgerten sich, nicht noch einmal am letzten Tage, am Sterbemittwoch, vorgesprochen zu haben. Er verschied ja erst so gegen halb zwölf, da hätte man womöglich noch bequem einen kleinen Empfang davorschalten können.

Mit geziemlicher Enttäuschung notierte Maria Paulowna später, daß sie den bald schon Absenten fast eine ganze Woche zu früh zum letzten Male und da auch noch in trügerisch, ja fast schon betrügerhaft guter Verfassung antraf. Am 15. März war sie, wie an jedem Donnerstag, vorbeigekommen, um das ihr als Erbgroßherzogin und Zarentochter wohl zustehende Schwätzchen voranzutreiben. Leider hatte die wuchtige Russin nicht ihre liebreizenden Töchter Maria und Augusta mit im Gepäck, sondern nur ihre Gesellschafterin, die gräßliche Demoiselle Mazelet.

Generös vertraute Goethe ihnen einige Schwänke von den Ausgrabungen in Pompeii an und schnitt insonderheit mächtig damit auf, daß ein dort jüngst aus dem Schutt gescharrtes Haus sogar nach ihm, also »Casa di Goethe« benannt worden sei. Um die Damen aber nicht über ihre Verhältnisse zu langweilen, legte Goethe gnädig noch ein Anekdötchen nach, welches die beiden Mamsellen mit artigem Gegacker quittierten.

Am selbigen Tag hatte sich der junge von Arnim schon wieder selbst zum Mittagessen eingeladen und seine deutliche Spur im Hause hinterlassen. Wo brachte der Lümmel eigentlich immer diese enormen Schlammverkrustungen an seinen Stiefeln her? Sorgsam verteilte er jedesmal seinen Dreck, lärmte bei Tisch und schleuderte Bröselsalven durch die Gegend. Ein Mensch ganz ohne Hemmungen. Ein Glück, daß er sein vulkanisches Wesen morgen endlich wieder entfernte und nach Paris schaffte.

»Exzellenz«, quakte er, »mein Stammbuch aber, mein Stammbuch! Werden Sie wohl heute die freundlichste Güte haben?«

»Wenn du dieselbe hast, mich endlich in Frieden zu lassen«, knurrte der Alte mehr für sich und dann laut: »Meinetwegen!«

Und er notierte: *Ein jeder kehre vor seiner Thür,*
Und rein ist jedes Stadtquartier;
Ein jeder übe sein Lektion,
So wird es gut im Rathe stohn.

Entgeistert starrte der Fant bald auf das ihm Gewidmete, bald ins Gesicht des mit seinem Werk höchst zufriedenen Kultseniors. Dem hab ich's gegeben, triumphierte Goethe und lächelte von tief innen. Bestimmt und bedeutend. Stohn! Auf Lektion! Das wird dem Deppen schon eine sein, und das soll mir erst mal einer nachdichten, hihi. Ob der Esel die Anspielung mit dem Kehren wohl begriff?

Auch der immer rührige, zuweilen fast bremsenhaft aktive Dr. Vogel hatte sich heute kurz blicken lassen, rapportierte, wie es in den Jenenser Anstalten zugehen mochte, die er just revidiert und einer genauen Inspektion unterzogen hatte, und stellte, weil Goethen wieder der Unterleib zwackte, für den nächsten Tag ein Quantum Rhababertinktur in Aussicht. Und zog unverrichteter Dinge wieder von dannen.

Des Abends, es war schon wieder recht zugig geworden und ganz Thüringen seufzte schwer unter den grauen Winterwolken, grämte sich der Greis ein wenig und sinnierte, ob es ihm unbehaglich gehen mochte – was am nächsten Morgen dann tatsächlich der Fall war. Der Doktor machte sich unverzagt ans Werk, bemerkte, ohne daß er es deuten konnte, »Unruhe bei Zerschlagenheit der Glieder«, einen wenig frequenten, weichen Puls, die »ziemlich starke, ins Livide fallende Röthe der Bindehaut« war ebenso besorgniserregend wie der »trockene Husten« und die »tiefen Seufzer«, die der Greis alternierend von sich zu geben geruhte. Die allenthalben anhängige Verstopfung wenigstens kurierte Vogel geschickt mit einer Auflösung von Salmiak und einigen Quentchen Bittersalz an einem Dialog von Wasser und Graupenschleim. Herrlich!

Schon bald bilanzierte der Arzt stolz den herzerfreulichen »Abgang vieler Blähungen«, freilich auch »mehrere, reichlich breiartige Stuhlgänge«, was umgehend mit einem Pulver von Goldschwefel und Zucker belohnt wurde. Alle drei Stunden ein drittel Gran Goldschwefel, das müßte die Leiden schon wegrichten.

Tatsächlich konnte Goethe am nächsten Tag schon wieder einen maßvollen Humpen Würzburger Tischweins pokulieren und sich zum Mittag an Fisch und Braten laben, ja, er zeigte sogar schon wieder großes Begehren nach dem zum Frühstück seit einigen Jahren so gerne schnabulierten Glase Madeira. Oder auch zwei, scheißegal. Zwar war da noch ein »herumziehender reißender Schmerz« irgendwo, bald in der linken, bald in der rechten Brust, aber das, so hofften wenigstens die Gutmütigen unter den allhier abhängenden Krankenbesuchern, würde schon werden. Woll, woll!

Wurde aber nicht. Zwar raffte sich der Abseitsdriftende noch zu einer letzten Schreibtätigkeit auf und unterzeichnete zwei Tage vor seinem Erblassen mit zitternder Hand die Anweisung zur Auszahlung einer Unterstützung von 100 Talern an die durchaus talentreiche und auch gar nicht unflotte junge Weimaranerin Angelika Facius, »für welche er stets väterlich bedacht war« (Vogel). Aber ein neuerlich anschwellender Schmerzgesang »preßte dem Gefolterten bald Stöhnen, bald lautes Geschrei aus. Die Gesichtszüge verzerrt, das Antlitz aschgrau, die Augen tief in ihre lividen Höhlen gesunken«. Ho, ho, der sicherste Arzt ist Vetter Knochenmann!

Unrastig quecksilberte der alte Mann, nur leicht gewandet in Schlafrock und Filzschuhe, zwischen Bett und Lehnsessel hin und her; Vogel befürchtete, es möchte wieder ein Lungenblutsturz oder ähnliches auf dem Wege sein und hielt gekonnt mit reichlichen Gaben Baldrianäther und *Liquor Ammonii anisatus* dagegen, abwechselnd serviert mit heißem Tee aus Pfefferminzkraut und Kamillenblüten. Ergänzend kamen starke Meerettichzüge auf der Brust zur Anwendung, und ein auf die schmerzende Stelle gelegtes Spanisch-Fliegen-Pflaster tat ein übriges. Goethes Geschrei ließ nach, wurde mählich matter, und auch der Pulk der umtriebig um ihn Versammelten ließ es mit den ständigen Besserwissereien nun ein wenig bewenden, was Hofrat Dr. Vogel befriedigt zur Kenntnis nahm. Man war ja hier nicht auf der Quacksalberolympiade.

Anderntags fand Vogel zugegeben die Dichterzunge

»feucht, hier und da mit zähem, kaffeebraunem Schleime belegt«, den Atemrhythmus begleitet vom basso continuo eines »leichten Schleimrasselns« in der Brust, aber Dr. Vogel wäre nicht Dr. med. Vogel, wie man ihn kennt und fürchtet, wenn er diesen Symptomen nicht sowohl mit einem lauen Getränk aus schwachem Zimtaufguß mit Zucker und Wein und etlichen Gaben einer Decocto-Infusion von Arnica und Baldrian mit Kampfer den Garaus gemacht hätte.

Es schien eine gefällige Wendung durch Gottes Fügung drin zu sein. Am Mittwochabend, zwischen zwei verirrten Regenschauern, verlangt er nach den gerade erschienenen Schilderungen des Comte de Salvandy »Seize mois, ou la révolution et les révolutionnaires«. Das Buch hat ihm die Frau Großherzogin überbringen lassen. Lakai Friedrich hat es in der Nacht aufschneiden müssen. Und jetzt will man es ihn nicht lesen lassen. All das rettungslos kleingedruckte, welsche Revoluzzergeschnarre kann der fürsorgliche Doktor dem so augenscheinlich Rekonvaleszierenden nun wirklich nicht zumuten. Wenigstens aber, jammert der klappernde und sich windende Greis, wolle er das Buch um sich haben; was von Vogel nach gutem Zureden Eckermanns leutselig genehmigt wird.

Als der Arzt hinaufgeht, um nach Enkelin Alma zu schauen, läßt sich Goethe rasch Lichter bringen und versucht, hinter seinem Rücken zu schmökern.

Mit knarzenden Gelenken hebt er das Buch in die Höh' und mümmelt scherzhaft:

»Nun so wollen wir es wenigstens verehren wie einen Mandarin.« Doch auch als solcher wirkt die Schwarte keine Wunder. Sie liegt bloß so da.

Ein wenig Zerstreuung wurde sehnlich erwünscht. Ottilie zog den in sich versunkenen Coudray aus dem Kabinett und schickte ihn hoch in die Mansardenwohnung nach den En-

F. W. Bernstein

keln. Die sollen hier mal wieder Leben in die Bude bringen. Dem Großvater wird das schon recht sein, und überraschenderweise hatte sogar der Leibarzt diesmal keinerlei Bedenken. Ein wenig abwesend saß er mit Eckermann und Soret rauchend im Arbeitszimmer und blätterte beiläufig in »Clementis Kieser's Atlas sämmtlicher hier bekannter Hautkrankheiten«.

Lustlos stromerte Wölfchen ins Gemach und wurde sogleich nach nebenan ins Schlafzimmer verwiesen. Bruder Walther kam gar nicht erst mit, keine Böcke auf den Alten. Er öffnete die nur angelehnte Türe, nahm die erste Miefwolke beherzt auf Lunge und gab dem im Sessel zufrieden lauschenden Olympier eine kurze Stegreifdarbietung von Raupachs Posse »Der versiegelte Bürgermeister«. Besonders die Stelle, da der Bürgermeister frankiert und mit Siegelwachs beträufelt am Postschalter abgegeben wird, kam wieder mal klasse an. Schon zum sechsten Male, wie der lustlos deklamierende Achtkäsehoch mitgezählt hatte.

»Artig, mein Wölfchen«, krähte es vom grünen Sessel her, »das hast du tapfer memoriert. Ja, diese Berliner! Wissen so gar nicht, was sie an einem so produktiven Talent wie Raupach besitzen. Du weißt indes den Witz der Sachen vorteilhaft zu geben.«

»Man dankt, man dankt, Herr Apapa.«

»Und reiche mir den Augenschirm herüber. Diese unverhangene Sonne trifft mein trübes Auge hart und hinterhältig.«

Tatsächlich hatte ein beherzter Luftschwung den grauen Wolkenteppich am Himmel durchschnitten und so den Blick in ein ungetrübtes Blauband ermöglicht. Helles strahlte.

Wölfchen holte das unförmige, schwere Metallgestell mit dem mächtigen, zwei Handbreit großen grünen Augenschirm vom Wandhaken über dem Bett und reichte es dem Zitternden. Mit Mühe bekrönte er sein Haupt und sah wieder aus wie ein amerikanischer Baseballtrainer: vollfett zufrieden.

»Laß dich von Friedrich mit Zibeben regalieren. Er soll darum nicht geizen.«

»Gibt's nicht Lübecker Zuckerwerk? Oder wenigstens Gummibären?« versuchte der Kleine seine Gage in halbwegs genießbare Ware zu konvertieren. Da blieb Goethe aber hart, denn gutes Schleckzeug aß er selber weg. Erst unlängst, an Weihnachten, war aus Berlin ein Paket für die Enkel gekommen. Routinemäßig durchsah der Geheimrat die Sendung, reichte das darin befindliche Spielzeug auch nach und nach an die Adressaten weiter, die Berliner Zukkerbäcker-Leckereien aber verzehrte er höchstselbst. Seine Zähne waren eh hinüber, und die Blagen, so dünkte ihm, wissen solche Delikatessen ohnedies kaum zu schätzen.

Um die Abendstunde war das Fassungsvermögen des winzigen Gemachs dann am Ende. Zwei Logenbrüder brachten Artischocken und wollten Autogramme, Riemer sang leicht verhagelt eine Kanzone, und Dr. Vogel registrierte einen weniger krampfhaften und schon wieder deutlich geregelten Puls. Des Kranken Lunge kämpfte zwar schwach, aber beharrlich gegen die andringenden Schleimfluten an, so daß allgemein erwartet wurde, »daß sein herrliches Naturell auch diesesmal siegen werde« (Vogel).

Jedoch und o weh: Je tiefer die Nacht durch den Ilmpark hereinsank und die freundlichen Frühlingsäther wieder vertrieb, desto deutlicher sank auch der Gottgleiche dahin. Im Schein der Talglichter glitzerten die Schweißperlen auf seiner mächtigen Stirn, und unter den Vorboten eines herannahenden Fieberstoßes schrie er: »Ach Gott! Ach Gott! Hat denn mein Sohn in Rom auch so leiden müssen?«

Wenn er im Suff starb, eher nicht; aber die Quellenlage ist unklar.

Lange zog die Nacht dahin, und der Donnerstag, der letzte Tag, den wir noch gemeinsam durchzustehen haben, fand den Todgeweihten bang und klamm im Lehnstuhl ruhen, die weißen Hände fest in ein Plumeau gekrallt, das ihm den Schoß erwärmte. Er schien frei von Schmerzen und brabbelte unaufgeregt vor sich hin. Ottilie, die nebenbei saß, verrichtete eine kleine Handarbeit, bevor sie auf einige Besorgungen nach unten ins Vorderhaus sich verdünnisierte.

Schwerlich ahnt Goethe die bevorstehende Auflösung. Er ordert zunächst ein Glasl Wasser mit einer Zutat Wein, stürzt es behende herunter, ruft nach seinen Faktoten, dem Schreiber und Kopisten Johann John nebst Diener Friedrich Krause und verlangt nach Aufhellung des Raumes.

Die Rouleaus werden aufgezogen, plötzlich sind nun auch wieder die sorgende Schwiegertochter, der Leibarzt und der Oberbaudirektor deutlicher in den Dünsten zu erkennen, ein nervöses Geschiebe von Holz auf Holz aus dem Nebenraum verrät weitere Anteilnehmer und Beobachter, allein, es ist schon wieder zuviel der Strahlen und des Lichts, eine milde Strömung hat die Wolkenladung weiter und hinfort getrieben und dem Sonnengott eine freie Bühne zur Entfaltung beschert. Zuviel Licht, zu wenig

Schirm, dämmert es dem dämmrigen Alten, er hält die Hände vors Gesicht und verlang abermals den dimmenden Schirm.

Der ist ihm nicht auszureden. Leise fluchend reicht der Arzt die lächerliche Stellage Richtung Sessel und setzt sie dem Kraftlosen auf. Scheint gar nicht zu schmerzen! Parbleu! Allen seinen Anstrengungen zum Trotz war ihm das Ding nicht auszureden und durch kein anderes, leichteres zu ersetzen gewesen, obwohl es schmerzende und entzündete Druckstellen hinterließ. Vogel mußte sich darauf beschränken, den entzündeten Druckstellen und Excrescenzen mit Leinwandcompressen und Mandelöl-Einreibungen beizukommen. Was, so stellt er fest, zu guter Letzt wohl einwandfrei gelungen ist. Ein Superzeug, dieses Mandelöl!

Seinen Schreiber John fragt der Moribunde nun, welchen Tag man heute wohl zähle. Der 22. wird ihm benannt, und er sinniert ruchlos optimistisch: »Also hat der Frühling begonnen, und wir können uns dann um so eher erholen.«

Dann schleicht die Kälte ihm neuerlich in die Glieder, er dämmert, erwacht und ratzt wieder weg. Im unruhigen Wachtraum spricht er: »Seht den schönen weiblichen Kopf, mit schwarzen Locken, in prächtigem Kolorit auf dunklem Hintergrunde!« Kanzler von Müller stürzt von nebenan in die Kammer, weil er denkt, seine eigene Kräuselpracht sei gemeint. Aber ach woher! fällt es ihm siedend heiß ein – schön ist er schon, mein Kopf, aber doch kein weiblicher. Die Anspannung der letzten Tage und Stunden macht auch ihm zu schaffen. Ob Goethe wohl noch was Ergreifendes sagen wird?

»Friedrich, gib mir die Mappe mit Zeichnungen!«

Deutlich vernimmt die Pflegegemeinschaft den Wunsch des Weltweisen, und neidische Blicke gen Friedrich folgen nach. Warum fragt er nicht mich? denken Ottilie, von Müller, Coudray, Soret und wie sie alle heißen. Da jedoch keine

Mappe, sondern nur ein Buch vor ihm liegt, reicht Friedrich dieses hin, aber Goethe insistiert: »Nicht dies Buch, sondern die Mappe!« Friedrich senkt sich an das linke Ohr des Alten und bedeutet mit einfachen, klaren Worten, daß auf dem Tische beim besten Willen keine Mappe zu finden sei. Da liegt halt keine.

»Nun«, scherzt Goethe unerwartet, »so war's wohl ein Gespenst.«

Die Welt ist so voller Schwachköpfe und Narren, sinniert der unwiderruflich im Abschied Befindliche, daß man nicht nötig hat, sie im Tollhause zu suchen. Mich beruhigt einzig der Gedanke, daß die Spur von meinen Erdentagen in Äonen nicht wird untergehn. Aber wie inkommod ist diese gaffende Brut um mich herum! Ich werd sie besser noch mal scheuchen.

»Wieviel Uhr ist es?«

»Es ist schon zehn, Eure Exzellenz?«

»Was, zehne schon?«

Er blinzelt und sieht Friedrich unterm Schirm hervor scharf an: »Dann bring er mir eine Gabel und ein dazugehöriges Frühstück herbei.« Mit eifersüchtigen Blicken im Rücken macht sich Friedrich in die Küche auf und schleppt umgehend ein wenig Geflügel an, kalt und kleingeschnitten, leider kein echter Genuß. Dazu – Friedrich kennt die Vorlieben aus dem »Effeff« – einen sauber eingeschenkten Kelch mit Wasser und Würzburger Wein; von dem der Greis aber nur schwächlich nippt.

»Du hast mir doch keinen Zucker in den Wein getan?«

Nein, das hat er sich wohl nur eingebildet, der alte Wichtigtuer. Jetzt hat auch Friedrich die Faxen dicke. Nach zwei Nächten ohne Schlaf könnte er nun auch mal seine Ruhe gebrauchen. Aber daran ist leider nicht zu denken, gerade röchelt und würgt der Alte wieder die offenbar doch zu trocknen Geflügelstückchen hervor und speit alles aus. Na servus, das darf natürlich auch der liebe Friedrich wieder wegmachen.

Abermals läßt er sich von John und Friedrich aus dem Sessel aufrichten, es will aber kein Halt in die wackligen Beinchen fahren, wankend und stöhnend und in einer Art von Unbehilflichkeit saust die hohe Gestalt wieder zurück in den unentrinnbaren, häßlichen und schon immer verhaßten Lehnstuhl. Pardauz!

Und nun sieht er, wie einst Wilhelm Meister, höchstderoselbst mit Entsetzen in den qualvollen Abgrund eines dürren Elends hinab, wie man in den ausgebrannten hohlen Becher eines Vulkans hinunterblickt. Der Tod ist nie ein ganz willkommner Gast; wieviel weniger, wenn es um einen Mann gehen soll, den er für gänzlich unentbehrlich hielt – sich selbst. Muß er jetzt schon des Daseins Kreise vollenden?

Muß ich noch lange hier neben dem Schwieger sitzen? durchforscht sich Ottilie und denkt nicht ohne Gelüste an eine kräftige Mittagsmahlzeit. Da krächzt es von links her: »Frauenzimmerchen! Frauenzimmerchen! Gib mir dein Pfötchen!« Sie tut, wie ihr geheißen, und legt, stolz sich umblickend, ihre warme Hand in seine kalte.

Einige Anordnungen und Reden gehen noch an Friedrich, dann versagt Goethen endgültig die Stimme. Das Mundwerk ist nicht wieder in Gang zu setzen.

Und kein Urwort, kein Schlußwort. Nur ein Röcheln und Krächzen.

Aber irgendwas scheint seinen Geist zu beschäftigen. Wie früher, wenn dies der Fall war, wenn er aufgeregt diktierte oder beim Souper sich in Rage redete, rudert und wedelt er mit dem Zeigefinger der rechten Hand Zeichen in die Luft. Erst höher, mit den abnehmenden Kräften immer tiefer, endlich auf die über seinen Schoß gebreitete Decke. Buchstabe um Buchstabe, Zeichen um Zeichen, alles in allem kaum zu lesen, ja eigentlich ein fürchterliches Gekrakel. »Mit Bestimmtheit«, notiert Vogel und ist sich ausnahmsweise in diesem Punkt mit anderen Augenzeugen einig, »mit Bestimmtheit unterschied ich einigemal den Buchstaben W und Interpunktionszeichen.«

Es wurde nun alles sehr vertrackt und gar zu unübersichtlich. Ottilie will angesprochen und für ihre tröstende Hand bedankt, Friedrich noch einmal gerufen und nach Wein geschickt sein, ein Schlußwort muß her und danach bzw. dahinter, so will es der Duden, ein artig und fein Pünktchen gesetzt sein. So kratzt er ein W ins Plumeau.

W . Punkt.

»Schreibend stirbt der große Schriftsteller« – freilich, so sagt's uns schon der große Friedenthal. Aber was, um Himmels willen, will uns der noch viel größere, evtl. sogar größte Schriftsteller überhaupt der deutschen Sprache mit diesem ***W*** nun wieder sagen? ***W***eh mir, es geht zu Ende? ***W***ehetekel upharsin?

Weltliteratur?

Wolfgang von Goethe?

Wollte er vielleicht seine Lebensbilanz noch einmal unterschreiben, dann den Schlußpunkt setzen? Oder auf die gewichtige Rolle des Buchstaben ***W*** in seinem Gesamtlebenswerk hinweisen? Das würde ja einleuchten: Wilhelm Meister, Werther, Wagner, Wahlverwandtschaften, West-Östlicher Diwan, Weimar, Wetzlar, Weideröslein, Wanderjahre, Wanderers Sturm- und Nachtlied, Wötz von Berlichingen etc. pp.

Oder ging es um ganz was anderes? Um die Frage: ***W***as gibt's zu essen? Obwohl – das wußte er ja: kaltes Hühnchen ohne Beilagen.

Willy wählen?

Wilhelm ***W***ieben?

Wein, ***W***eib, ***W***esang?

Für diesmal spart er seine Worte, hier sind Rätsel nun am Orte.

Wie auch immer – diesmal ging es nicht so glimpflich ab wie nach der schweren Erkrankung im Jahre 1805, als er, die Genesung heranfühlend, zu Heinrich Voß die »durch Mark und Gebein« gehenden Worte sprach: »Gutes Kind, ich bleibe bei Euch, Ihr müßt nicht mehr weinen.« Diesmal blieb er nicht.

Das vorläufige Schlußwort hat der Medizinalrat Dr. Vogel: »Um halb zwölf Uhr Mittags drückte sich der Sterbende bequem in die linke Ecke des Lehnstuhls, und es währte lange, ehe den Umstehenden einleuchten wollte, daß Goethe ihnen entrissen sey.«

Das für nachmittags angesetzte Hofkonzert in Weimar wurde sofort abgesagt, das Theater auf fünf Tage geschlossen, und Ludwig Tieck klagte: »Wir sind verwaist!«

Bevor es zur feierlichen Aufbahrung und Beerdigung kam, gab es erst noch Goethe on the rocks, wie der treue Dr. Eckermann berichtet: »Am andern Morgen nach Goethes Tod ergriff mich eine tiefe Sehnsucht, seine irdische Hülle noch einmal zu sehen. Sein treuer Diener Friedrich schloß mir das Zimmer auf, wo man ihn hingelegt hatte. [...] Der Körper lag nackend in ein weißes Bettuch gehüllet, große Eisstücke hatte man in einiger Nähe umhergestellt, um ihn frisch zu erhalten so lange als möglich.«

Märzlich frühlingsfrisch muß er wohl gewirkt haben, denn, Eiswürfel hin, Zapfenbräune her, der Beschauer ist mehr als ergriffen: »Ein vollkommener Mensch lag in großer Schönheit vor mir.«

Wenigstens hier und in diesem Moment bewahrheitete sich das Wort, das Jean Paul über den »Montblanc unserer Literatur« gesagt hatte: »Keinen frostigeren Gesellen gibt es auf Gottes Erdboden.«

Die Trauer war groß, aber nicht allumfassend. Zwar jammerte der Verleger Frommann: »Mit Weimar ist es nun aus!« Heinrich Heine jedoch spitzte die Finger und legte seine Feder in die offenen Wundmale der Trauergesellschaft oder so ähnlich, jedenfalls galt sein erster besorgter Gedanke den Nachlebenden:

Zu Weimar, dem Musenwitwensitz,
Da hört' ich viel Klagen erheben,
Man weinte und jammerte: Goethe sei tot
Und Eckermann sei noch am Leben.

Ein gesichertes letztes Wort ist uns noch immer nicht bekannt geworden. Aber viele, ja allzu viele gingen direkt nach dem 22. März hinaus in die Welt der Tratscher und eilfertigen Distributoren – allein am Todestag erreichte der Postausgang aus Weimar die bisher nie erreichte Zahl von 500 Briefen. Und nichts verfestigt sich schneller als ein Gerücht.

1833 erschien Medizinalrat Dr. Vogels Buch »Die letzte Krankheit Goethes«, worin er über die Abschiedsworte seines Patienten noch mutmaßt: »Mehr Licht sollen, während ich das Sterbezimmer auf einen Moment verlassen hatte, die letzten Worte des Mannes gewesen sein.« Und bereits wenige Seiten später, im begleitenden Nachwort von Christoph Wilhelm Hufeland, ist dies schon Gewißheit geworden: »Er endete mit den Worten Mehr Licht.«

Wem das nicht reicht, der erfinde einfach noch etwas Neues hinzu. Besonders vorbildlich ist hier etwa Frau Baronin Jenny von Gustedt zu nennen, die in ihren 1892 erschienenen Erinnerungen »Aus Goethes Freundeskreise«, zu dem sie sich wie selbstverständlich zählte, klar und deutlich Dinge memoriert, von denen andere nicht mal zu träumen wagten: »Das bekannte Wort Mehr Licht mag er wohl gesagt haben, klar und deutlich aber sprach er seine letzten Worte: Nun kommt die Wandelung zu höheren Wandelungen.«

Man beweise erst einmal das Gegenteil.

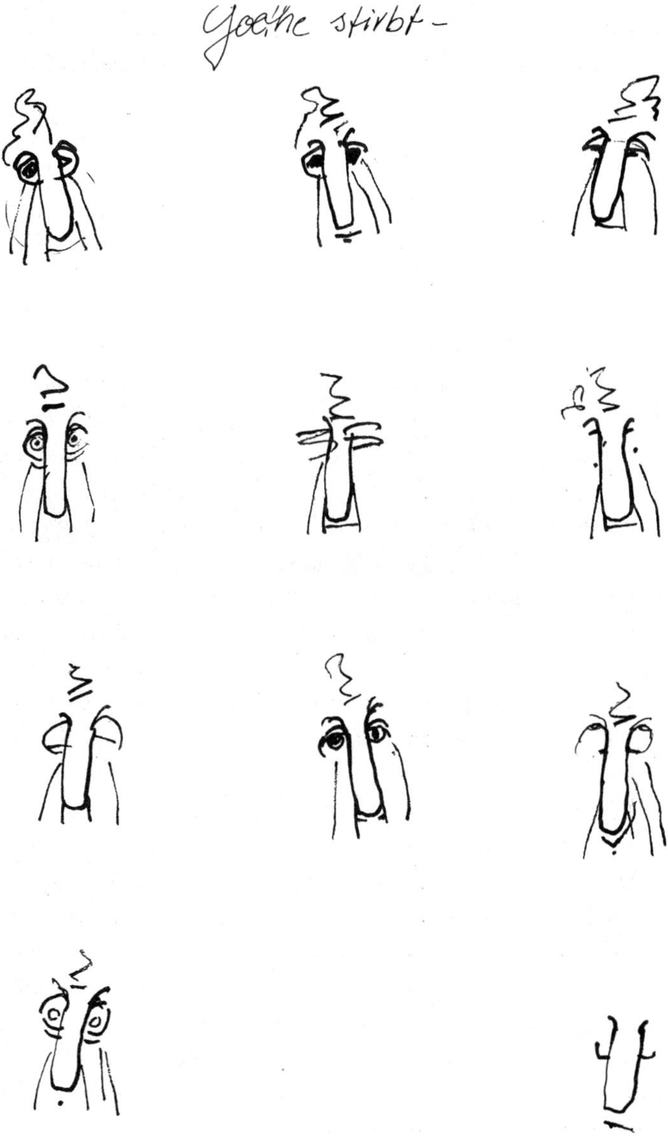

F. W. Bernstein

Die gipsabgegossene Fleischwurst

Epilogischer Einakter zu Goethes Tod

Ein leerer Bühnenraum mit einem gehörigen Trumm von Tisch, darum sieben Stühle, darauf ein Stapel Papiere und Journale.

Es ist Testamentseröffnung, einige Tage nach Goethes Tod.

Die teilnehmenden Personen:

Kanzler Friedrich von Müller, *ein souveräner und süffisanter Jurist; Justizminister und Goethes Testamentsvollstrecker. Veröffentlichte 1870 »Goethes Unterhaltungen mit dem Kanzler Friedrich von Müller«.*

Ottilie von Goethe geb. von Pogwisch, *Goethes eitle und exzentrische Schwiegertochter; Witwe des »trefflichen Sohnes« August von Goethe.*

Wolfgang von Goethe; *der zwölfjährige Sohn Ottilies war gewitzt und vorlaut und wahrscheinlich deswegen Goethes Lieblingsenkel.*

Hofmedikus Dr. Carl Vogel, *Goethes letzter Leibarzt; veröffentlichte 1833 »Die letzte Krankheit Goethes«.*

Friedrich Krause; *Diener Goethes und nach dessen Tod erfolgloser Gastwirt und Buchkolporteur.*

Oberbaudirektor Clemens Wenzeslaus Coudray; *enger Freund Goethes, gefragter Architekt, ein schwärmerischer Geist. Veröffentlichte den Steadyseller »Goethes drei letzte Lebenstage«.*

Johann Peter Eckermann; *bis zu dessen Tod der fleißigste Vertraute und Mitarbeiter Goethes, Herausgeber der Ausgabe letzer Hand und Veröffentlicher der dreibändigen »Gespräche mit Goethe in den letzten Jahren seines Lebens«.*

von Müller *(getragen)* Wo ist er? sagt! – Ihm war die Kunst so lieb,
Daß Kolik nicht, nicht Husten ihn vertrieb.
»Er liegt so krank, so schlimm es nie noch war!«
Ach Freunde! Weh! Ich fühle die Gefahr;
Hält Krankheit ihn zurück, so ist es Not,
Er ist nicht krank, nein Kinder, er ist tot!
Eckermann *(wie erwachend)* Wie – Mieding tot?
Dr. Vogel und Ottilie Nein – *Goethe* tot!
Coudray *(schwärmerisch)* Goethe tot! erschallt bis unters Dach
Das hohle Haus, vom Echo kehrt ein Ach!
Die Arbeit stockt, die Hand wird jedem schwer,
Der Leim wird kalt, die Farbe fließt nicht mehr.
Krause *(für sich)* Ein jeder steht betäubt an seinem Ort,
Und nur der Mittwoch treibt die Arbeit fort.
Ottilie *(spitzmündig)* O Weimar! Dir fiel ein besondres Los:
Wie Bethlehem in Juda, klein und groß!
Wölfchen *(leiernd)* Bald wegen Geist und Witz beruft dich weit
Europens Mund, bald wegen Albernheit.

Klatschendes Geräusch, wie von einer Ohrfeige.

Wölfchen Aua! *(heult wimmernd)*
Dr. Vogel Dir gab ein Gott in holder, steter Kraft
Zu deiner Kunst die ew'ge Leidenschaft.
Eckermann Sie war's, die dich zur bösen Zeit erhielt,
Mit der du krank, als wie ein Kind, gespielt,
Die auf den blassen Mund ein Lächeln rief,
In deren Arm dein müdes Haupt entschlief!
von Müller Ja, Goethe tot! O scharret sein Gebein
nicht undankbar wie manchen andern ein!

VON MÜLLER Hochverehrte Herrschaften und Exzellenzen, meine sehr verehrten Damen und Herrn, liebe Zuschauer daheim an den Geräten, liebe Trauerndengemeinschaft – wir schreiten nur zur Testamentseröffnung Urkundenrolle Nummer 122/4–61 nach dem Ableben seiner Exzellenz, des Wirklichen und Geheimen Legationsrates im Geheimen Consilium zu Weimar, Dr. jur. Johann Wolfgang von Goethe, geboren zu Frankfurt am Main am 28.8. 1749, gestorben zu Weimar am 22. März 1832.

COUDRAY *(seufzend)* Mir ist, als wär es gestern gewesen.

ECKERMANN Es war aber schon vor eilf oder fünfzehn Tagen oder was, Herr Oberbaudirektor.

COUDRAY Ich weiß, mein lieber Eckermann, ich weiß. Allein, es dünkt mir, als wenn –

OTTILIE *(zischend)* Tranquillité, Messieurs! Man quatsche nicht dazwischen und lasse den Herrn von Müller fortfahren!

VON MÜLLER Ganz meine Meinung, gnä' Frau. Ich stelle also fest, alle Erben und Erbbedachten des Erblassers sind hier versammelt, und wir können gleich in medias res gehen.

WÖLFCHEN Wie – und ich soll so lange hier warten?

Klatschendes Geräusch wie von einer Ohrfeige. Wölfchen heult.

OTTILIE Quatsch' nicht immer dazwischen, wenn sich erwachsene Erben unterhalten!

VON MÜLLER *(verwarnend)* Na, na, na, gnä' Frau! Das hätte der selige Herr Großvater aber gar nicht gern gesehen!

OTTILIE *(spitz)* Er sieht's ja auch nicht.

COUDRAY *(sehr pathetisch)* Ja! Gott sei's geklagt, sein Auge ist gebrochen!

Eckermann Sie miese Mamsell! Wie können Sie den heil'gen Toten so entweihen!

Krause Wer? Ich?

Eckermann Nein, nicht du, Friedrich! Die Schwiegertochter mein' ich wohl!

Ottilie Für euch Gesindel immer noch die Frau von Goethe, ja? So viel Zeit muß sein!

von Müller (*ungehalten*) Ruhe jetzt, zum Kuckuck! Sonst wird das Procedere auf unbestimmt vertagt! Bin ich verstanden?

Stille.

von Müller Bin – ich – ver – stan – den?

Alle *(kleinlaut)* Ja, verstanden.

von Müller Nun denn. Wir sind ja gleich durch *(durch die Akten blätternd)*. Ich muß nur noch eben...

Eckermann *(zerschlagen)* Wer hätte das gedacht, daß wir nun so ganz ohne ihn hier sitzen. Die Sonne Weimars ist verloschen, und um uns ist tiefe Nacht.

Wölfchen Aber es ist doch erst ein Viertel auf zehn vor dem Mittagsläuten, Herr Eckermann!

Klatschendes Geräusch wie von einer Ohrfeige. Wölfchen heult.

Dr. Vogel Ich möchte der Frau Ministerin doch geziemlich anraten, nicht derart haltlos auf dem kleinen Kinde herumzudreschen! Das gibt unschöne Flecken und nicht zuletzt kann der Bursch allgemach in ein flagrantes Nervenfieber verfallen.

Ottilie Was erlauben Sie sich! Ich bin Majorstochter! Auch ich bin mit harter Hand herangezogen worden – und aus mir ist auch was geworden!

Eckermann Kammerrätinnenwitwe. Eine reife Leistung.

Ottilie (*schnippisch*) Als kleiner Kanzleiassesor steht Ihnen solches Lob wahrlich zu, Monsieur! Welch ganzer Glücksfall, daß mein verehrter Schwiegerpapa sich dieses Trauerspiel hier nicht mitansehen muß.

Krause Oft hat er zu mir gesagt: »Friedrich! Man schmähe mir auf meine alten Tage nicht das Trauerspiel, das uns Deutschen auf der Bühne wie im Leben so behagt.«

Eckermann Zu mir meinte er einmal: »Wenn einer fünfundsiebzig Jahre alt ist, kann es nicht fehlen, daß er mitunter an den Tod denkt. Mich läßt dieser Gedanke in völliger Ruhe, denn ich habe die feste Überzeugung, daß unser Geist ein Wesen ist ganz unzerstörbarer Natur.«

Coudray Es gab keine Anzeichen für sein Darniedersinken. Er war an allen Dingen noch sehr interessiert. Kürzlich erregte noch die Beschreibung der neuartigen Eisenbahn von Liverpool nach Manchester sein Interesse. Und das, obwohl wir Deutsche erst in drei Jahren eine haben werden.

Eckermann Das können Sie doch jetzt noch gar nicht wissen!

Coudray Ich ahn' es aber, Sie traurige Kanzleiseele. Er nahm regen Anteil an der Frage, ob das Volk der Engländer die Verlagerung des Verkehrs von der Chaussee auf die Schiene nicht wieder durch haltlos überzogene Fahrkartenpreise zunichte machen möchte.

Eckermann Ich entgegnete, daß ich diesem so unberechenbaren Volke fast alles zutraue. Nur nicht vernünftige Ausgestaltung der Billettenpreise.

von Müller Wir wollen nicht vorverurteilen, meine Herren, schon gar nicht diese aufgeblasenen und geldgierigen Britannier! Auf mich machte der Erblasser indes einen gleichfalls sehr vitalen Eindruck. Er hatte immerhin noch seinen »Faust« fertiggestellt

Dr. Vogel Und dem Schreiber John hat er just vor seiner

Refrigeration ante mortem noch einen langen Brief an Humboldt diktiert.

KRAUSE Am 17. hab ich den Brief noch auf die Post gegeben. Vier Heller Eilzuschlag!

COUDRAY Vielleicht könnte er noch leben, wenn man sich nur fürsorglicher gekümmert hätte, Herr Doktor! Ein kleiner Hausbesuch, ab und an mal nach dem Rechten sehen, einfach mal fragen, wie's so geht und steht...

DR. VOGEL *(empört)* Ich schaute doch jeden Tag vorbei, Herr Baurat! Nach seinem Befinden brauchte man sich erst gar nicht leutselig zu erkunden. Er hielt es bekanntermaßen für unverschämt, einen Menschen nach seinem Zustande zu befragen, wenn man weder die Macht noch die Lust habe, ihm irgend zu helfen.

VON MÜLLER Ja, da wurde er ruppig bis zum Anschlag.

DR. VOGEL In den letzten Lebensjahren entstanden aus beinahe gänzlichem Mangel an körperlicher Bewegung bei fortwährend reichlich zuströmender Nahrung ziemlich Vollblütigkeiten, welche starke künstliche Blutentleerungen, vulgo Aderlässe, von Zeit zu Zeit dringend erheischten.

ECKERMANN Danach war es jedesmal so ausgepumpt, daß er gar nicht mehr wußte, wie er heischt.

WÖLFCHEN *(brüllt)* Göthe heißt er, Weibsleut beißt er!

Klatschendes Geräusch wie von einer Ohrfeige. Wölfchen heult.

DR. VOGEL Auch habe ich habe mir die Wasser des Patienten mehr als genau besehn. Wir konnten sowohl einen lehmigen, bräunlichen als auch einen hellen, gelben, mit starkem schleimigem Bodensatze versehenen Urin verzeichnen. Gelegentlich war der sparsam ausgeleerte Harn sogar wasserhell, gegen Ende ging der Urin selten, trübe, bräunlich, jedoch ohne Schmerzen ab.

Ottilie Sie schmutziges Medikasterschwein! Müssen Sie denn so im Dreck sich suhlen?

Dr. Vogel Das ist kein Dreck, Frau Hochwohlgeboren, sondern der Eid des Hippokrates, der mir genaueste Beobachtung der Vorfälle abverlangt! Alle Anzeichen sprachen für einen bevorstehenden Lungenblutsturz! Daß es schließlich ein Stickfluß in Folge eines zurückgeworfenen Katarrhalfiebers werden sollte, das konnte keiner ahnen. Nicht mal ich!

von Müller Aber wohlgemerkt, Herr Doktor: Lesen müssen will ich das nicht über unsern so treulich Abgelebten! Daß Sie womöglich auch noch diese ganzen gaströsen und unschicklichen Dinge in die Welt herausposaunen: Wieviel Wasser er Abschlug, was er an Tönen von sich gab –

Wölfchen Jedes Böhnchen gibt ein Tönchen!

Ottilie Bist du wohl still, du Saubub!

Wölfchen *(triumphierender Singsang)* Böhnchen gibt ein Tönchen! Böhnchen gibt ein Tönchen!

von Müller Schluß jetzt und Schweigen! Ich entziehe dir das Wort!

Von Müller schlägt zu. Wölfchen heult.

Ottilie Unterstehen Sie sich, Sie…Sie Müller oder was! Mein eigen Fleisch und Blut zu schlagen! Das ist immer noch mein Vorrecht!

Ottilie schlägt zu. Wölfchen heult.

Coudray Jedoch hatte ich die Idee, dem Kranken das eben eingetroffene Portrait der Gräfin Louise von Vaudreuil zu zeigen, gemalt von Prof. Heinrich Müller zu Eisenach. Erst wollte man es ihm vorenthalten.

Dr. Vogel *(bestimmt)* Ich war dagegen, denn ich befürchtete, dies Bildnis könne ihn zu sehr aufregen und eventuell ein nervöses Nervenleiden oder was affizieren.

Coudray Schließlich durfte ich es ihm aber zeigen.

Dr. Vogel *(eitel)* Dann änderte ich meinen Heilplan und hatte die nicht üble Idee, es ihm nun doch zu zeigen.

Coudray *(pikiert)* Es war meine Idee!

Dr. Vogel Papperlapupp! Sie haben doch nicht die Spur einer Approbation! Mir jedoch schwante plötzlich, das Bildnis mache bestimmt einen gar angenehmen Eindruck auf den Kranken.

Eckermann Was auch der Fall war, denn unser guter Goethe sagte: »Nun, den Künstler muß man loben, der nicht verdarb, was die Natur so schön geschaffen hat.«

von Müller In der Tat ist dies zu loben. Sehr ärgerlich find ich indes, daß inzwischen schon ausgeplaudert wurde, wie das Testament des teuren Toten beschaffen ist. Sogar seine Freunde sprechen nicht ohne Entrüstung über den geringen Betrag, den er seiner Dienerschaft vermacht hat. Dabei hab ich den Vorgang noch gar nicht eröffnet.

Ottilie Uns allen war eine Abschrift bekannt, die ich zufällig fand.

Krause Wieso zufällig? Madame hatten mich doch eigens gebeten, ihr die Lade zu zeigen, in der die Exzellenz die Schrift aufbewahrte.

von Müller Dacht ich mir's doch! Und du, Friedrich, hast dich nicht geniert, das in dich gesetzte Vertrauen zu mißbrauchen?

Krause Wenn's ein Vertrauensverhältnis gewesen wär – dann bestimmt nicht. Eintausend Taler, so hat er mir immer wieder versprochen, sollte ich dereinst bekommen. Und was hab ich netto? Ganze 150 Taler hab ich bekommen. 150 Taler sächsischen Geldes!

von Müller Und ein Stück Land!

KRAUSE Aber was für eins! Nicht mal Bauerwartungsland! Und mein sauberer Kollega, der Kopist John, und obwohl er nur stundenweis anwesend gewesen ist, der kriegt 250 Taler. Der John! Für nur stundenweis!

VON MÜLLER (*wie seufzend*) Jaja, 's ist eine Schande. Ihr werdet's eh schon wissen: Auch seinem Neffen, dem Rinaldo Vulpius, der in den letzten Jahren mit der größten Sorgfalt und Hingebung und mit Hintansetzung seines eigenen Haushaltes den des Verblichenen in Ordnung gehalten hat, dem hat er läppische 200 Taler vermacht.

OTTILIE Das ist völlig ausreichend! Auch ich muß mit dem wenigen auskommen, das meine Bankiers nun zu verwalten haben. Und hätten die anderen mehr bekommen, dann bliebe mir selbst ja rein rechnerisch noch weniger!

VON MÜLLER Halten zu Gnaden, Madame, aber ich denke, Sie sind sehr gütlich bedacht. Sie erhalten eine ausreichende Gabe für sich und die Erziehung der Kinder und freie Wohnung im Hause des Erblassers. Außerdem beziehen Sie eine ansehnliche Staatspension als Witwe ihres verstorbenen Mannes.

OTTILIE (*aufgesetzt*) Gott hab ihn selig.

VON MÜLLER Wird er schon haben. Aber gut kam das nicht an bei Hofe, als der junge Großherzog erfuhr, daß Goethe nicht einen Heller für eine öffentliche Stiftung gegeben hat. Woraus man klar ersieht, daß er für die Förderung von Wissenschaft und Kunst etc. sich nur so lange interessierte, als sie seinem eigenen großen Selbst dienten.

ECKERMANN Vom Toten bitte nicht in diesem Ton! De mortuis nihil nisi Schnittlauch!

DR. VOGEL Wie meinen?

ECKERMANN Mischen Sie sich bitte nicht ein, Sie… Sie Kurpfuscher!

DR. VOGEL Ich hätte nicht übel Lust, Ihnen ein Klistier zu

setzen. Leider befindet sich mein einziges noch in unsrem teuren Toten.

OTTILIE Ooooh. Wie kann er nur!

WÖLFCHEN Ich kann auch! Nämlich ganz lang die Luft anhalten. Paßt mal auf: Hmmmmmprft—

Klatschendes Geräusch wie von einer Ohrfeige. Wölfchen heult.

OTTILIE Schwiegerpapa wußte, daß es ans Letzte ging. An seinem letzten Geburtstag war's, da begab er sich nach Gabelbach und eilte hoch auf dem Kickelhahn, in die Jagdhütte, in deren Bretterwand er fünfzig Jahre zuvor ein Gleiches geritzt hatte.

COUDRAY Madame, was reden Sie! Ein Gedicht war's, was er ritzte!

OTTILIE Ein Gedicht namens »Ein Gleiches«, Sie hochgekommener Bauarbeiter! Fünfzig Jahre zuvor hatte er es mit einem sehr teuren Schweizer Taschenmesser in das Holz geritzt:

Über allen Gipfeln
ist Ruh,
In allen Wipfeln
Spürest du
Kaum einen Hauch;
Die Vögelein schweigen im Walde.
Warte nur, balde
Ruhest du auch.

Nun las er diese Zeilen, die Tränen rannen ihm über die Wangen, und er murmelte: »Ja, warte, balde ruhest du auch.«

ECKERMANN *(versunken)* Ja, und so schickte er sich an zur letzten Ruhe.

COUDRAY Ich habe alles noch ganz genau im Kopfe. Sie,

Madame, saßen zur Seite ihres geliebten Schwiegervaters auf dessen Bett, die beiden Enkel Walther und Wolf befanden sich nebenan im Arbeitszimmer, und im Nebengemach waren einige seiner besten Freunde, die Herren Geheimrat von Müller, Herr Hofrat Soret, Sie, Eckermännchen, und Sie, Dr. Vogel. Und natürlich auch ich. Ich stand ununterbrochen am Sessel zur Rechten des Kranken.

von Müller In Ansätzen mag das wohl so gewesen sein. Aber, gnä' Frau: Warum les' ich denn dann hier in der Augsburger Allgemeinen Zeitung vom 5. April: »Um 7 Uhr ließ er sich von der Tochter eine Mappe reichen – «

Eckermann Von Soret ließ er sich die Mappe reichen! Er hat sie ihm gegeben, ich hab's genau gesehn!

Coudray Petzer!

Müller Jaja, gut jetzt! Man lasse mich fortfahren: »Um 7 Uhr ließ er sich von der Tochter eine Mappe reichen und wollte Farbenphänomene untersuchen.« – Als wenn er da noch groß was gesehen hätte! »Er suchte dann noch einige Blätter, die er vom Schreibtische zu nehmen befahl, zu beziffern.« – Entziffern ist hier wohl gemeint. – »Gegen 10 Uhr hörte er beinahe ganz zu sprechen auf, hielt die neben ihm sitzende Tochter fest an der Hand, und öffnete das halb geschlossene Auge noch einmal mit einem Blicke unaussprechlicher Liebe zu ihr.« Wenn die Liebe so unaussprechlich war, gnä' Frau – wer mag sie dann wohl so schnell ausgesprochen haben?

Ottilie Das weiß doch ich nicht, Sie... Sie... Kanzler, Sie!

Müller Nur die Ruhe und weiter im Text: »Sie hielt seine Hand und unterstützte mit der andern Hand das Kopfkissen, bis der letzte Athemzug sich verlor.«

Coudray Skandal!

Eckermann Riesenschweinerei!

Wölfchen *(beleidigt)* Wenn ich so was sage, krieg ich eine gezündet.

Ottilie Ganz recht!

Klatschendes Geräusch wie von einer Ohrfeige. Wölfchen heult.

Ottilie Mein beklagenswerter Schwiegerpapa suchte immer meine Nähe, wenn er kränkelte! Erinnert ihr euch nicht? Was vor gut zehn Jahren war, als er schwer am Schlagfluß litt?

Eckermann Da war wohl März 1822.

Coudray *(erstaunt)* Woher wissen Sie?

Eckermann Passen Sie auf: Wir haben gerade April 1832, da ziehe ich ganz einfach circa 120 Monate ab, das macht dann nach Abzug der Schalttage und aller –

Ottilie Jedenfalls litt er am Schlagfluß, und ich –

Dr. Vogel Verzeihen Sie, meine Liebe – aber da hatten wir es mit einem verschleppten Stickfluß infolge eine nervös gewordenen Cordialleidens zu tun, welches wir dann mit einigen Gran Wasserstoffperoxyd und reichlichen Gaben von –

Ottilie Jaja, ist ja gut. Da jedenfalls, als er so sehr litt, sagte er zu mir: »Nun, ihr Seidenhäschen, was schleicht ihr so leise herbei?«

Wölfchen Aber Mama! Ihr seid doch gar kein Seidenhäschen. Ihr seid doch die Mama…

Klatschendes Geräusch wie von einer Ohrfeige. Wölfchen heult.

Coudray Bevor er starb, wies er auf den Boden und schien etwas zu erblicken. Er sagte: »Warum liegt denn hier Schillers Briefwechsel herum?«

Eckermann *(aufbrausend)* Typisch Schiller! Der konnte nie eine Ordnung halten, dieser schwäbische Schlamper!

VON MÜLLER Aber, aber, mein guter Herr Doktor! Den Kollegen Schiller wollen wir doch wegen erwiesenen Ablebens zumindest von dieser Untat freisprechen – finden Sie nicht?

ECKERMANN Äh – – ja, meinetwegen.

VON MÜLLER Allerdings sind solche Dinge wie das mit dem Briefwechsel in keinster Weise schickliche letzte Worte für den allergrößten Dichter von der ganzen Welt. Ich hatte daher eine andere Wahrnehmung: »Macht doch die Fensterladen in der Stube auf, damit mehr Licht hereinkomme.« – Dies waren die letzten Worte, die ich hörte.

OTTILIE Mehr Licht – das ist doch lächerlich. Es war doch schon genug davon da!

ECKERMANN Mehr Licht – sind wir denn der liebe Gott, daß wir einfach eine zweite Sonnenglut entzünden können?

COUDRAY Mehr Licht – als wenn wir ihm das nicht gegönnt hätten.

WÖLFCHEN »Mer liecht die Flaaschworscht so schwer im Mage« – das hat der Apapa gesagt, das hab ich auch gehört.

DR. VOGEL Fleischwurst? Ich habe doch strengste Diät angeordnet. Wo soll denn da eine Fleischwurst hergekommen sein?

WÖLFCHEN Vom Friedrich! Gell, Friedrich?

KRAUSE Bist du wohl still, du –

Klatschendes Geräusch wie von einer Ohrfeige. Wölfchen heult.

VON MÜLLER Friedrich! Hast du den Darniedersiechenden etwa mit einer Fleischwurst gefüttert?

ECKERMANN Ja? Hast du? Mit Senf und Brötchen?

KRAUSE *(verzweifelt)* Ich mußte! Ich hatte doch allerhöchsten Auftrag, das hab ich ihm schwören müssen, daß ich immer einen Ring Frankfurter Fleischwurst ihm zustecken werd', wenn man ihn wieder auf Brühsuppe gesetzt hat!

OTTILIE Mehr liecht offensichtlich nicht mehr drin, in dem Personal von heute. Schröcklich!

VON MÜLLER Mir jedoch erklang es deutlich wie »Mehr Licht« – also ganz ohne die Wurstkonnotation.

DR. VOGEL Es ist medizinisch gesehen ein ganz gewöhnlicher Hergang, daß Sterbende, zumal wenn Herzschwäche oder auch Herzsausen bis hin zum Herzrasen auftritt, daß solche Personen im cordialen Affekte begriffen, in der sogenannten Amaurose, naturgemäß nach »mehr Licht« verlangen. Da es ihnen nämlich sodann ganz dunkel, ja schwarz vor Augen wird.

COUDRAY Ich möchte fast sagen: grün! Wegen des Augenschirms!

WÖLFCHEN Nein! Wegen der Wurst!

Klatschendes Geräusch wie von einer Ohrfeige. Wölfchen heult.

VON MÜLLER Einem solchen Wort hätte er niemals besonderes Gewicht gegeben. Mir selbst hat er ohnlängst noch in einem Brief geschrieben: »Dergleichen letzte Worte sind immer, wie die Gypsabgüsse der Leichenmasken, ins Leidende verzogene Karikaturen auch des thätigsten Lebens.«

COUDRAY Und er haßte nichts mehr als Fratzen und Karikaturen.

ECKERMANN Was Sie alles wissen!

COUDRAY Sie ja offensichtlich nicht.

VON MÜLLER Einige weitere Personen, die wie ich im Nebenzimmer waren, behaupten und haben nun verlauten lassen, sie hätten eine Melodie gehört, die wie von einem großen Orchester gespielt geklungen hätte.

COUDRAY *(ergriffen)* Das waren die Manen Goethes, die sich

bereit machten zum himmlischen Trauerchor! Tää-teräää tä tä!

VON MÜLLER Es waren im Gegenteil, wie ich jetzt herausfand, Gastmusiker am nahen Hofe, die für eine Aufführung probten. Diese Musik war jedenfalls nicht allzu sehr himmlisch, denn dieselben Personen erzählen als Bestätigung ihrer Angabe, daß sie in die Nachbarhäuser geschickt hätten und fragen ließen, warum dieser Lärm gemacht werde.

COUDRAY Bei solcher Katzenmusik muß einem ja schwarz vor Augen werden!

VON MÜLLER Sag ich ja! Und als Friedrich dann den Laden geöffnet hatte, drehte sich Goethen auch schon gleich weg und bedeckte geblendet die Augen!

OTTILIE *(wütend)* Und da glauben also Sie, mein sehr verehrter Kanzler Müller –

VON MÜLLER *Von* Müller. *(Sie nachäffend)* Soviel Zeit muß sein!

OTTILIE – *von* Müller, daß diese Ihre Version nun die einzig wahre und gültige ist und daß Sie diese nun in der ganzen Welt herumproleten können.

VON MÜLLER Was fällt Ihnen ein!

OTTILIE Mir fällt gleich gar nichts mehr ein, wenn ich das hier lese, gerade erschienen in der Jenaischen Allgemeinen Literatur-Zeitung: »Doch da er bemerkte, daß in seiner Arbeitsstube nur ein Fensterladen offen war, so sagte er zu seinen Bedienten: ›Mach doch den zweyten Fensterladen in der Stube auf, damit mehr Licht hereinkomme. Diese sollen seine letzten Worte gewesen sein; doch geben einige andere an.«

COUDRAY *(aufgebracht)* Das will ich auch hoffen, denn auch ich gebe andere an!

ECKERMANN Wie ich! Sie werden nämlich, verehrte Frau von Goethe, sich noch der Tatsache erinnern, daß mein langjähriger Gesprächspartner –

Ottilie *(schnippisch)* Pfft! Gesprächspartner! Daß ich nicht wiehere!

Eckermann *(erregt)* Jawohl, Gesprächspartner! »Gespräche mit Eckermann« werde ich mein Buch nennen, so habe ich's mit dem Verblichenen verfügt. Er jedenfalls bat Sie, und niemand anderen als Sie, gut 1 ½ Stunden vor seinem Ableben, den Raum zu verlassen. Er fragte dann den Friedrich, wieviel er für die Manuskripte bekommen habe, die er ihm gestohlen hat. Und nach einer Pause setzte er hinzu: »Du hast sie doch sicher nicht gestohlen, um Geschenke damit zu machen?«

Krause Wie – ich?? Das ist gottverdammt gelogen!

Wölfchen Mama! Der Friedrich hat geflucht!

Ottilie Untersteh dich zu fluchen, du Saubursche!

Klatschendes Geräusch wie von einer Ohrfeige. Wölfchen heult.

Wölfchen Aber Mama! Ich hab doch diesmal gar nichts getan!

Krause Schlimm genug, du Racker!

Coudray Es war aber auch so eine Unruhe im Zimmer. Ein Kommen und Gehen war an der Tagesordnung, und manches leise Wort, was er sprach, war beim besten Willen nicht zu verstehen. Obwohl ich doch die ganze Zeit neben ihm stand.

Eckermann Ja – wie ein Presser neben der armen Seele!

Coudray Mäßigen Sie sich! Was kann ich dafür, daß er nicht Ihre Nähe erbat, Eckermann! Er wird schon seine Gründe gehabt haben!

Eckermann *(jäh auflachend)* Als wenn er die Ihre sich erbeten hätte!

Krause Ich als schlecht bestallter Diener und seiner Exzellenz Pißpotbeauftragter kann jedoch beschwören, daß mein Name das letze Wort war, das er sprach! Aber nicht um den Fensterladen aufzumachen, sondern er verlangte zuletzt den Botschamber, und den nahm er noch selbst und hielt denselben so fest an sich, bis er verschied.

OTTILIE *(infam)* Spinnen Sie? Mein Schwiegervater, der größte Dichter aller Zeiten und all ihrer Literaturen, scheidet mit den Worten »Friedrich« und umklammert dabei einen – Pißpott? Ha! Hahaha! *(Lacht hysterisch.)*

KRAUSE So war es.

ECKERMANN Niemals!

VON MÜLLER Lachhaft! Lächerlich! Und wenn du das nur jemals öffentlich behauptest, dann wird ich dich mit einer Klageschrift überziehen, die in diesem beschissenen kleinen Herzogtum ihresgleichen suchen wird!

OTTILIE *(von Sinnen)* Mein Schwiegerpapa ein Pißpottschwenker! Ha ha! Ha ha he he he he hi hiiiii ia ia iarglqwsdzucqw3678tjj#9!

WÖLFCHEN Mama! Was ist dir!

Wölfchen heult, ohne daß ihm eine gelangt wird.

VON MÜLLER *(bilanzierend)* Sei's, wie es sei. Die Sonne Weimars drückte sich noch einmal in die linke Seite des Armstuhls, ohne das geringste Zeichen des Schmerzes nach und nach sanft erlöschend, bis um eilfeinhalb Uhr der Große Geist zum Urlichte rückkehrend seiner irdischen Hülle entfloh.

Schluß

DR. VOGEL Wer faßt nach ihm, voll Künheit und Verstand,
Die vielen Zügel mit der einen Hand?

KRAUSE Hier, wo sich jeder seines Weges treibt,
Wo ein Faktotum unentbehrlich bleibt?

von Müller O sorget nicht! Gar viele regt sein Tod!
Sein Geld ist nicht zu erben, doch sein Brot.
Coudray Und, ungleich ihm, denkt mancher Ehrenmann:
Verdien' ich's nicht, wenn ich's nur essen kann.
Ottilie Nun laßt die Glocken tönen und zuletzt
werd er mit lauter Trauer beigesetzt.
Eckermann Fest steht dein Sarg in wohlgegönnter Ruh,
Mit lockrer Erde deckt ihn leise zu.
Wölfchen Und sanfter als des Lebens liege dann
Auf dir des Grabes Bürde, guter Mann!

Alle ab.

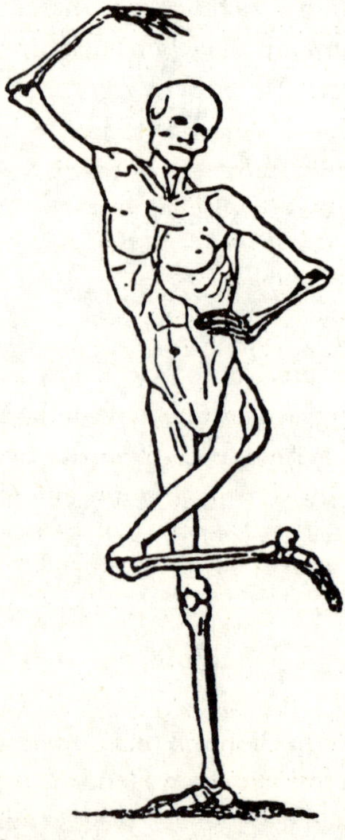

Die „Tänzerin", Gestalt von einem antiken Grabmal zu Cumae, von Goethe erklärt. Weim. Ausg. Bd. 48, Taf. 2.

Verwendete Literatur (in Auswahl)

Anthrophyteia, Jahrbuch für folkloristische Erhebungen und Forschungen zur Entwicklungsgeschichte der geschlechtlichen Moral, VI. Band, Reprint. Tübingen 1997

Bauch, Bruno: Goethe und die Philosophie. Tübingen 1928

Benjamin, Walter: Gesammelte Schriften. Frankfurt 1980

Beringer, Carl Chr.: Vulkanismus und andere Tiefenkräfte der Erde. Stuttgart 1953

Berentsen, Anton: Vom Urnebel zum Zukunftsstaat. Berlin 1986

Blanckmeister, Franz: Goethe und die Kirche seiner Zeit. Dresden 1923

Bloch, Ernst: Werkausgabe. Frankfurt/M. 1985

Bode, Wilhelm: Goethes Liebesleben. Berlin 1919

Bölsche, Wilhelm: Goethe im zwanzigsten Jahrhundert. Berlin 1905

Bölsche, Wilhelm: Die naturwissenschaftlichen Grundlagen der Poesie.
Tübingen 1976

Bölsche, Wilhelm: Die Abstammung der Kunst. Stuttgart 1926

Braun, Hanns: Hier irrt Goethe. München o.J.

Burkhardt, C.U.H.: Goethes Unterhaltungen mit dem Kanzler Friedrich von Müller. Stuttgart 1870

Carus, Carl Gustav: Goethe. München 1948

Ceram, C.W.: Provokatorische Notizen. Reinbek 1962

Ceronetti, Guido: Das Schweigen des Körpers. Frankfurt 1983

Conrady, Karl Otto: Goethe. Leben und Werk. Frankfurt a.M. 1948

Curtius, Ernst Robert: Büchertagebuch. Bern 1960

Demetz, Peter: Marx, Engels und die Dichter. Stuttgart 1959

Deutsche Epigramme aus vier Jahrhunderten. Leipzig 1985

Diem, Carl: Körpererziehung bei Goethe. Frankfurt a.M. 1948

Diezmann, August: Goethe und die lustige Zeit in Weimar. Weimar o.J.

Düntzer, Heinrich: Goethes Leben. Leipzig 1880

Düntzer, Heinrich: Mein Leben als Ausleger. Leipzig 1899

Eckermann, Johann Peter: Gespräche mit Goethe. Leipzig 1902

Eichrodt, Ludwig: Biedermeiers Liederlust. Stuttgart 1981

Falk, Johann Daniel: Die Prinzessin mit dem Schweinerüssel. Berlin 1988

Friedenthal, Richard: Goethe. Sein Leben und seine Zeit. München 1968
Franz, Erich: Goethe als religiöser Denker. Tübingen 1932
Fricke, Gerhard (Hg.): Briefwechsel zwischen Goethe und Zelter. München 1949
Friedell, Egon: Gesammelte Essays. Zürich 1985
Friedell, Egon: Kulturgeschichte der Neuzeit. München 1931
Geitel, Max: Entlegene Spuren Goethes. München 1911
Gernhardt, Robert: Letzte Ölung. Zürich 1984
Gerster, Georg: Die leidigen Dichter. Zürich 1954
Goethe, Johann Wolfgang: Sämtliche Werke. München 1977
Goethe-Jahrbücher, diverse Jahrgänge
Grimm, Herman: Das Leben Goethes. Stuttgart 1940
Grün, Karl: Über Goethe vom menschlichen Standpunkte. Darmstadt 1846
Guthke, Karl S.: Letzte Worte. München 1990
Hacks, Peter: Die Gedichte. Berlin 1988
Haringer, Jakob: Leichenhaus der Literatur oder Über Goethe. Berlin 1983
Haringer, Jakob: Das Schnarchen Gottes. München 1979
Haringer, Jakob: Der Hirt im Mond. Graz 1965
Heilborn, Adolf: Die Reise durchs Zimmer. Berlin 1924
Hemleben, Johannes: Rudolf Steiner. Reinbek 1963
Henscheid, E.; Bernstein, F.W.: Unser Goethe. Ein Lesebuch. Frankfurt 1987
Henschel, Gerhard: Lesen ist Essen auf Rädern im Kopf. Greiz 1995
Herwig, Wolfgang (Hg.): Goethes Gespräche. Biedermannsche Ausgabe, München 1998
Hesse, Hermann: Dank an Goethe. Frankfurt/M. 1975
Hettner, Hermann: Schriften zur Literatur und Philosophie. Frankfurt/M. 1967
Hiebel, Friedrich: Goethe. Die Erhöhung des Menschen. Frankfurt 1982
Hieber, Hermann: Die Wahrheit über Goethe. Stuttgart 1961
Hofmiller, Josef: Wege zu Goethe. Hamburg 1946
Houben, H. H.: Der polizeiwidrige Goethe. Berlin 1991
Jameson, Egon: ABC der dümmsten Sätze. Reinbek 1965
Kindermann, Heinz: Goethe im XX. Jahrhundert. Darmstadt 1966

Kittel, Josef Balduin: Süßigkeiten bei Goethe. Dresden 1927
Koch, Franz: Goethes Stellung zu Tod und Unsterblichkeit. Weimar 1932
Krätz, Otto: Goethe und die Naturwissenschaften. München 1998
Krauß, Rudolf: Schwäbische Literaturgeschichte. Tübingen 1897
Kühnemann, Eugen: Goethe. Leipzig 1930
Lewes, George Henry: Goethe's Leben und Schriften. Berlin 1860
Linde, Fritz: Mensch Goethe. Ein Lebensspiegel. Stuttgart 1932
Leppmann, Wolfgang: Goethe und die Deutschen. Bern 1982
Lessing, Theodor: Essays und Feuilletons. Darmstadt 1986
Lösch, Michael: Who's who bei Goethe. München 1998
Lucae, Karl: Zur Goetheforschung der Gegenwart. Marburg 1878
Ludwig, Emil: Goethe. Geschichte eines Menschen. Berlin 1926
Mann, Thomas: Dichter und Herrscher. Frankfurt 1961
Marx, Karl; Engels, Friedrich: Werke. Berlin 1959
Marx, Karl; Engels, Friedrich: Über Kunst und Literatur. Berlin 1967
Matzen, Raymond: Goethe, Friederike und Sesenheim. Strasbourg 1983
Möbius, P.J.: Über das Pathologische bei Goethe. Leipzig 1898
Müller, Ernst: Schwäbische Profile. Tübingen 1949
Muschg, Walter: Goethes Glaube an das Dämonische. Stuttgart 1958
Musil, Robert: Die Verwirrungen des Zöglings Törleß. Reinbek 1959
Nietzsche, Friedrich: Werke, München 1980
Noll, Gustav: Arsenal. Poesie deutscher Minderdichter, Berlin o.J.
Ortega y Gasset, José: Um einen Goethe von innen bittend. Stuttgart 1949
Rathgeber, Alphons M.: Wissen Sie Bescheid? Augsburg 1962
Reimann, Angelika; Steiger, Robert: Goethes Leben von Tag zu Tag. Zürich 1996
Reimann, Hans: Handbuch der deutschen Sprache. München 1940
Riha, Karl: Fußball literarisch. Frankfurt 1981
Riemer, Friedrich Wilhelm: Mittheilungen über Goethe. Berlin 1841
Rilla, Paul: Goethe in der Literaturgeschichte. Berlin 1950
Rosenkranz, Karl: Göthe und seine Werke. Königsberg 1847
Schaeder, Hans Heinrich: Goethe als Mitmensch. Göttingen 1949

Schaginjan, Marietta: Goethe. Essen 1952
Schauffler, Theodor: Goethe's Leben, Leisten und Leiden. Heidelberg o.J.
Schmidt, Arno: Zettels Traum. Stuttgart 1970
Schmidt, Arno: Dya Na Sore. Karlsruhe 1958
Schrempf, Christoph: Goethes Lebensanschauung in ihrer geschichtlichen Entwicklung. Stuttgart 1905
Schüddekopf, Carl: Goethes Tod. Leipzig 1907
Schünemann, Peter: Unwandelbar G. München 1998
Schultz, Joachim: Essen und Trinken mit Goethe. München 1998
Schweitzer, Albert: Goethe. Vier Reden. München 1950
Sckell, Karl August Christian: Goethe in Dornburg. Jena und Leipzig 1864
de Staël, Anne Germaine: Über Deutschland. Frankfurt 1985
Staiger, Emil: Goethe. Zürich und Freiburg 1952–59
Stammtisch Unser Huhn: Goethe von hinten. Tübingen 1998
Stern, Carola: Ulbricht. Eine politische Biographie. Köln 1964
Sternberger, Dolf: Über den Tod. Frankfurt 1981
Straub, August: Kleines Lexikon für Goethe-Freunde. Frankfurt/M. 1946
Treichlinger, W.M.: Der talentlose Goethe. Zürich 1949
Unseld, Siegfried: Begegnungen mit Hermann Hesse. Frankfurt/M. 1975
Vaihinger, Hans: Göthe als Ideal universeller Bildung. Stuttgart 1875
Veil, Wolfgang H.: Goethe als Patient. Jena 1946
Vischer, Friedrich Theodor: Faust, Dritter Teil. Tübingen 1901
Vischer, Friedrich Theodor: Werke. Stuttgart 1918
Vogel, Carl: Die letzte Krankheit Goethes. O. O. 1833
Walser, Robert: Die Gedichte. Frankfurt/M. 1986
von Wilpert, Gero: Goethe-Lexikon. Stuttgart 1998
Wohmann, Gabriele: Goethe hilf! Düsseldorf 1983
Wolf, Ror: Das nächste Spiel ist immer das schwerste. Zürich 1990
Würtz, Hans: Goethes Wesen und Umwelt im Spiegel der Krüppelpsychologie. Leipzig 1932